ELISABETH GECK

GRUNDZÜGE DER GESCHICHTE DER BUCHILLUSTRATION

GRUNDZÜGE

BAND 46

ELISABETH GECK

GRUNDZÜGE DER GESCHICHTE DER BUCHILLUSTRATION

WISSENSCHAFTLICHE BUCHGESELLSCHAFT
DARMSTADT

CIP-Kurztitelaufnahme der Deutschen Bibliothek

Geck, Elisabeth:
Grundzüge der Geschichte der Buchillustration /
Elisabeth Geck. — Darmstadt: Wissenschaftliche
Buchgesellschaft, 1982.
(Grundzüge; Bd. 46)
ISBN 3-534-08632-5

NE: GT

345

Bestellnummer 8632-5

Satz: Roddert Fotosatz, Köngernheim bei Mainz
Druck und Einband: Wissenschaftliche Buchgesellschaft, Darmstadt
Printed in Germany
Schrift: Compugraphic Garamond, 9/11

ISSN 0533-344X
ISBN 3-534-08632-5

INHALT

Einleitung 1

Vorstufen der gedruckten Buchillustration 7

Die Erfindung der Buchdruckerkunst 11

Das 15. Jahrhundert 16

Das 16. Jahrhundert 31

Das 17. Jahrhundert 43

Das 18. Jahrhundert 55

Das 19. Jahrhundert 80

Der Jugendstil 102

Das 20. Jahrhundert 111

Allgemeine Literatur 143

Register 145

Tafeln 157

EINLEITUNG

Der Aufgabenkreis der Buchillustration hat sich in der heutigen Zeit so stark erweitert, daß man ihn zunächst einmal umreißen muß. In dieser Publikation behandeln wir ausschließlich die ausgesprochene Illustration des Buches. Wobei man unter Buch ganz klar eine aus einzelnen Lagen zusammengeheftete, blockförmig beschnittene, mit Text bedruckte Sammlung von Papier oder Pergamentbögen versteht, die zu zwei Seiten aufschlagbar und mit einem Einband versehen ist. Das heißt, daß wir mit dem handgeschriebenen, illustrierten Codex beginnen und das Hauptgewicht auf die gedruckten Bücher mit dem Schwerpunkt im europäischen Raum legen.

Das Bild versucht den Text darzustellen, der Text spricht aus dem Bild. Je stärker sich der Künstler in das Geschehen einzuleben vermag, um so eindringlicher kann er es wiedergeben. Das klingt sehr einfach, ist aber bei näherer Betrachtung gar nicht so leicht zu erfüllen. Hinzu kommt die ideelle Einstellung des Künstlers, die aus seiner Wiedergabe des Stoffes spricht. Eine Rolle spielen die verschiedenen Phasen der menschlichen Kultur, denen der Künstler unterliegt, so daß das gleiche Thema in immer neuem Gewande erscheint. Der Illustrator ist kein Schauspieler, der in die Kleider hineinschlüpft und das Schicksal einer Rolle ausspielt; er registriert vielmehr, setzt Schwerpunkte, wählt aus und gestaltet das Geschehen zu einem greifbaren Bild, das nur das Auge trifft und nicht das Ohr. Es handelt sich also um eine reine Form der visuellen Kommunikation.

Die Schrift war nicht das erste Verständigungsmittel, sondern das Bild. Das zeigen zum Beispiel die Höhlenzeichnungen des Eiszeitmenschen in den Höhlen von Lascaux. Die Aufgabe lag darin, durch Zeichen und Bilder Nachrichten zu übermitteln. Nun setzt unsere Betrachtung aber erst da ein, wo wir von einem Buch sprechen können, d.h., es liegen Jahrtausende zwischen diesen Aufgabenbereichen. Die Entstehung der Kulturvölker führt zur Bildung von Schrifttum und seiner Erfassung im Buch. Der Weg bis zum ersten Codex und der ersten Bibliothek in Pergamon war lang und vorstufenreich.

Die Assyrer und Babylonier schrieben auf Ton, in Ägypten stellte man aus der Papyrusstaude den Beschreibstoff Papyrus her. In Rom, dem Umschlagplatz aller vorderasiatischen Kulturen, schrieb man auf Wachstäfelchen. Es waren nicht nur verschiedene Sprachen, auch die Art ihrer Überlieferung war unterschiedlich. Allen Kulturkreisen gemeinsam aber war die Verbindung von Bild und Schriftzeichen, auch da, wo es sich um reine Bilderschriften handelte wie in Ägypten, wurden dem Text, wie bei den Totenbüchern, Illustrationen hinzugefügt. Bis in unsere historische Neuzeit hat sich in Mittelamerika bei Mayas und Indianern die bildhafte Kommunikation erhalten.

Eine weitere Aufgabe des Künstlers liegt in der Wahl der Technik, in der er das Bild wiedergibt. Die Auswahl war in den Anfängen des Bildes nicht groß, es war immer die Zeichnung, und sie ist es bis heute geblieben, wenn auch in den meisten Fällen nur als Vorstufe. Akzente ließen sich durch Farbe setzen, immer wiederkehrende Eigenheiten vermögen eine Handlung in den Bildern anzuzeigen. Alle diese Dinge werden uns in Beispielen begegnen.

Ausschlaggebend für die Form der Illustration ist der Zweck, zu dem sie verwandt wird. Bei der Handschrift findet sich sehr oft die Absicht des Besitzers, zu repräsentieren. Die Anfangsbuchstaben, Initialen genannt, werden durch Farbe besonders hervorgehoben. Sie sind oft mit Gold unterlegt, manchmal wird auch im Buchstabenkörper eine Begebenheit dargestellt. Die Randleisten werden als Blumen und Tiere gestaltet. Andere Handschriften sind mit kleinen gemalten Bildern, Miniaturen, versehen, die das Erzählerische ganz in den Vordergrund rücken und den Text wiedergeben. Das Wort Miniatur enthält das lateinische Verb miniare oder das deutsche Wort Mennig, das mit rot ausmalen in der Bedeutung gleichzusetzen ist. Es gibt in einer ersten Überschau zwei Gattungen Handschriften, einmal die einfachen Texthandschriften ohne Bilder, die der wissenschaftlichen Information dienen, und zum anderen die ästhetisch schön gestalteten Prachtexemplare. Bei dem frühen gedruckten Buch bleiben in etwa die gleichen Richtungen. Es treten aber zwei Momente stark in den Vordergrund, die eine Folgeerscheinung des neuen Verfahrens sind. Das illustrierte Buch wendet sich auf der einen Seite an eine größere Anzahl Menschen, denen das Bild oft Hinweis ist bei mangelnden Schriftkenntnissen, auf der anderen Seite muß sich das Bild in das technische Verfahren einfügen lassen.

Im Laufe der Jahrhunderte rückt die Persönlichkeit des Künstlers stärker in den Vordergrund. Das führt dazu, daß die Illustration den Rahmen des Buches sprengt und zur eigenständigen Graphik wird. An diesem Punkt setzt nun die Frage der Abgrenzung der Buchillustration innerhalb des Gesamtgebietes Kunst ein. Die ältere Generation der Kunsthistoriker pflegte das Kunstgewerbe, zu dem die Illustration gehört, gern an die Seite zu drängen und sich in elitärer Weise in den Räumen der reinen Kunst, der Malerei, der Plastik, der Baukunst zu bewegen. Im Laufe der Zeit hat sich eindeutig erwiesen, daß das Gesamtgebiet der Kunst so groß ist, daß Spezialisierungen vorgenommen werden müssen, da ein Mensch niemals in der Lage ist, das gesamte Gebiet zu beherrschen. Die Detailforschung dehnt sich heute so stark aus, daß nun wieder die Warnung vor dem Verlust des Gesamtbildes ausgesprochen wird. Den Begriff Kunsthandwerk mit einer abfälligen Bemerkung abzutun, kann man sich nicht mehr leisten. Die Buchillustration nur in das Gesamtgebiet aufnehmen zu wollen, weil Dürer, Holbein u.a., die zu den Großen der Malerei gehören, Bücher illustrierten, klingt fast wie eine Entschuldigung. Es wird niemand bezweifeln, daß Holzschnitt und Kupferstich ein Teilgebiet der Graphik sind und mit ihnen die gesamte Buchillustration. Den hervorragenden Werken steht immer die große Masse der mittelmäßigen Erzeugnisse auf allen Gebieten der Kunst gegenüber. Das Problem liegt in der wissenschaftlichen Erfassung der Buchillustration, die außerordentlich schwierig ist. Es fehlen weitgehend Künstlerangaben, zum anderen macht die Doppelarbeit — Zeichnung und Schnitt bzw. Gravur werden von zwei verschiedenen Künstlern ausgeführt — eine stilistische Zuweisung oft unmöglich. Eine weitere Schwierigkeit ist das Erkennen von Vorlagen, die bedingungslos aus der Malerei, der Zeichnung oder gar aus der Baukunst übernommen werden. Die Lokalisierung des Buches verlangt dann oft noch eine Kenntnis des Typendrucks, wenn Drucker und Verleger nicht erwähnt sind. Dieser ganze Fragenkomplex hat dazu geführt, daß vor allem die Illustration des 15. und 16. Jahrhunderts in den Forschungsbereich des Buchwissenschaftlers übergegangen ist. Das ist ein Vorgang, der sich erst nach dem Zweiten Weltkrieg, wenn wir einen Zeitpunkt festlegen wollen, entwickelt hat. Denn erst seit dieser Zeit beginnt die Buchwissenschaft mit eigenen Lehrstühlen an den Universitäten einzuziehen. Es heißt weiterhin, daß die Detailforschung auf unserem Gebiet einen immer größeren Raum einnimmt. Die Kunsthistoriker des 19. Jahrhunderts konnten eine solche Entwicklung nicht voraussehen. Weder Wilhelm Worringer noch Max Geisberg u. a., die auf dem Gebiet Großes geleistet haben, sind in ihrer Generation mit dieser Tatsache konfrontiert worden. Die Frage ist nur, ob sich die Buchwissenschaft durchsetzen wird und in welcher Weise sie von der Universität gelehrt wird, da sie immer Gefahr läuft, als Grenzgebiet zu anderen Wissenschaften behandelt zu werden.

Die Möglichkeiten, die in der Buchillustration liegen, beschränken sich in der frühen Handschriftenzeit auf die Kunst der Darstellung mit dem Ziel der Prachtentfaltung. Das Bedürfnis nach einer Textüberlieferung steht erst an zweiter Stelle. Im Spätmittelalter tritt dann schon die Absicht der Belehrung ungebildeter Bevölkerungsschichten in den Vordergrund, wenn wir an die ›Biblia pauperum‹, die Bibel der Armen im Geiste, denken. Der Buchdruck ändert die gesamte Kulturwelt. Die Abbildungen können ohne große Mühe vervielfältigt werden, sie können mehrmals in den verschiedensten Büchern verwandt werden. Es lassen sich Massenproduktionen herstellen, mit denen man die Meinung der Bevölkerung beeinflussen kann, wie Reformation und Gegenreformation beweisen. Das politische Moment, das in dieser Epoche im Buch Eingang findet, hat seinen Einfluß niemals wieder verloren, sondern bis zum heutigen Tage nur gesteigert, obwohl das Buch konservativer ist als die freie Graphik.

Die Ausbreitung der Technik im 19. Jahrhundert führt auch in der Gestaltung des Buches zu den verschiedensten Verfahren. Die künstlerische Vervollkommnung, die Kupferstich und Lithographie dem Buche brachten, erfährt eine Verflachung durch die Photographie. Die Erfindung des Klischees ermöglicht Großauflagen ohne großen Kostenaufwand. Das führt auf dem Buchmarkt zur endgültigen Trennung von künstlerisch gestaltetem und Gebrauchsbuch. Die Medien finden heute in der Buchillustration billige und gute Vorlagen, soweit das Material durch Kataloge aufgearbeitet und zugänglich gemacht ist. Hier wird die spezialisierte Gliederung des Gebietes in Teilabschnitte, wie naturwissenschaftliche oder medizinische Illustration, Kinderbuch- und Märchenillustration, politische und literarische Zusammenstellungen, besonders nützlich. Alle diese Aspekte führen uns auf einem Umweg zu dem breiten Spektrum der allgemeinen Kulturgeschichte, das der Auswertung bedarf.

VORSTUFEN DER GEDRUCKTEN BUCHILLUSTRATION

Der genaue Anfang der Buchillustration läßt sich nicht mit einer Jahreszahl belegen. Aus der Zeit der großen Codices des 4. Jahrhunderts sind die ersten illuminierten Handschriften überliefert. Daß sie im Bereich der christlichen Religion zu suchen sind, ist verständlich; denn das Christentum hat seit seiner Entstehung die gesamte Kultur in seinen Bann gezogen. In der frühen Zeit hatten die Klöster sowohl im griechisch-orthodoxen als auch im römisch-katholischen Einflußbereich der Kirche ihre Scriptorien. Aus dem Kreis des griechischen Gedankengutes sind zwei Vergil-Handschriften im Vatikan erhalten, Fragmente einer ›Ilias‹-Handschrift in der Ambrosiana in Mailand und der ›Dioskurides‹, ein Kräuterbuch, in der Wiener Nationalbibliothek. Weitere berühmte Handschriften dieser Epoche vom 4.–6. Jahrhundert nach Christus sind u.a. die Quedlinburger ›Itala‹-Fragmente, die Wiener ›Genesis‹, der ›Codex Rossanensis‹ oder der ›Rabula-Codex‹. Ein großer Teil der frühen Handschriften ist uns heute in Reproduktionen zugänglich.

Die Handschriften-Illustration der frühen Jahrhunderte ist der Malerei verwandt. Das Geschehen wird in kleinen Bildern, manchmal auch an Wandmalereien erinnernd, szenisch erzählt. Der Vorgang wird oft auf verschiedenen Ebenen dargestellt, und auf kleinstem Raum möglichst viel ausgesagt. Es gibt bereits sogenannte Versatzstücke, z.B. wird die Darstellung einer Stadt als Typus immer wieder in gleicher Form gebracht. Sehr gute Beispiele hierfür finden sich in der Wiener ›Genesis‹. Dem von Byzanz und der Antike geprägten Weltbild in der Handschrift steht als Gegenpol die eigene Gestaltung der Bücher der ersten christlichen Klöster Irlands gegenüber.

Die Christianisierung Germaniens, den Begriff der Nationalstaaten gab es damals noch nicht, geschah von Irland aus. Der irische Mönch Winfrid, besser unter dem Namen Bonifatius bekannt, gründete die erste Klosterzelle in Fritzlar. Ein großer Teil der Arbeit der Mönche bestand nicht nur in Rodungs- und Bebauungsarbeiten, sondern auch im Abschreiben der Glaubenstexte. Auf diese Weise entwickeln sich in den Klöstern Schreibstuben, die im Laufe der Jahre an manchen Orten hervorragende Schriftwerke hervorgebracht haben. Es treten vor allem die Benediktinermönche hervor, wenn man an Echternach, St. Gallen oder Salzburg denkt, wo einflußreiche Kulturzentren entstanden. Die irischen Mönche hatten ihren eigenen Stil in der Ausmalung der Handschrift. Nicht die szenische Darstellung des Textes spielte die Hauptrolle, sondern die Hervorhebung der Initiale, des ersten Buchstabens eines Kapitels, und der Randleisten in verschlungenem Bandwerk. Fisch- und Vogelornamente wurden eingestreut. In England haben sich die schönsten Beispiele ihrer Schreibkunst in den Evangeliaren von Durrow, Kells und Lindisfarne erhalten.

Die Buchkunst des frühen Mittelalters ist international, erst die Entstehung des Staatskirchentums führt unter den Herrschergeschlechtern der Karolinger und Ottonen zu einer höfischen Komponente. Die Prachtentfaltung der Handschrift weitet sich aus. Der Kreis der Auftraggeber wird größer. Die Kunstfertigkeit der Maler nimmt zu. Das Auftragen von Gold will besonders gelernt sein.[1] Es gibt nun schon handschriftliche Anleitungen für die Malkunst. In hoher Blüte steht die Handschriftenkunst im Kloster der Insel Reichenau.

Im 14. und 15. Jahrhundert erlebt die Buchkunst einen Höhepunkt in Frankreich und den Niederlanden. Künstlerisch hochwertige Bücher verlassen die Werkstätten etwa der Brüder Limpurg, die für den Herzog von Berry arbeiten. Die Stundenbücher oder livres d'heures dieses großen Bücherfreundes gehören zum Schönsten, was die Buchmalerei zu bieten hat. Heute werden einige dieser Kostbarkeiten an Miniaturmalerei im Musée Chantilly nicht weit von Paris aufbewahrt. Ein anderer bekannter Buchmaler Frankreichs ist Jean Fouquet, auch seine Bücher vermögen den Betrachter in Begeisterung zu versetzen. Die hohe Kultur am burgundischen Herzogshof hat sich nicht zuletzt in der Buchkunst niedergeschlagen. Zur Zeit Philipps des Guten erarbeiteten Schreiberwerkstätten in Mons, Audenarde, Brüssel, Brügge, Gent und anderen

[1] Heinz Roosen-Runge: Farbgebung und Technik frühmittelalterlicher Buchmalerei. 2 Bde. München 1967 (= Kunstwissenschaftliche Studien 38).

Orten die schönsten Handschriften. Der Inhalt der Bücher war vielseitig, wie es der höfischen Kultur entsprach. Neben Stundenbüchern gab es historische und literarische Werke sowohl der Antike als auch der europäischen Geschichte und Gegenwart. Eine weithin bekannte Handschrift ist das ›Breviarium Grimani‹, das sich der italienische Kardinal Grimani (1461—1523) in den Niederlanden anfertigen ließ. Die Randleisten mit Blumen, Schmetterlingen und Früchten, fast realistisch dargestellt, erfreuen wohl jeden Besucher der Marciana in Venedig, wenn das Buch als große Kostbarkeit den Besuchern gezeigt wird.

Man hat sich sehr oft in der Gutenberg-Forschung dahingehend geäußert, daß die Erfindung der Buchdruckerkunst in der Luft gelegen hätte. Die Vielfalt des handschriftlichen Marktes hat gewiß dazu gedrängt. Der Handschriftenhandel war im Spätmittelalter üblich, nachdem die Schreiberschulen sich erweitert hatten und auch außerhalb der Klöster Fuß faßten. In Hagenau im Elsaß unterhielt Diebold Lauber eine der bekanntesten Schreiberwerkstätten. Die gängige Literatur wurde auf Vorrat geschrieben. Schulbücher wie die Grammatik des Donatus, Bibeln, theologische, juristische Fachbücher und Kräuterbücher gehörten zur Standardliteratur einer jeden Werkstatt. Daneben gab es aber eine Fülle kleiner Alltagsliteratur, die ihre Abnehmer fand und oft von weniger begabten Schreibern hergestellt wurde. Hierzu gehören Kalender, Heiligenbilder, Planetarien, Spielkarten, Abbildungen von schrecklichen Ereignissen etc. Alle diese Dinge waren handgeschrieben und mit Zeichnungen, im 15. Jahrhundert sogar schon mit Holzschnitten, versehen. Der erste erhaltene und datierte Holzschnitt ist eine Darstellung des heiligen Christophorus, ein Einblattholzschnitt vom Jahre 1423 aus dem Kloster Buxheim.

Als direkter Vorläufer des gedruckten Buches gelten die Blockbücher. Die Blätter dieser Bücher wurden von Holztafeln, in die die Schrift spiegelverkehrt eingeschnitten war, abgezogen. Man klebte die einseitig bedruckten Blätter mit der leeren Seite aufeinander und erhielt auch auf diese Weise ein Buch. In den Niederlanden war dieses Handwerk besonders beliebt, aber auch in Deutschland und anderen Ländern haben sich eine Anzahl dieser Bücher erhalten. Der berühmteste Holzschneider dieser Art ist der Haarlemer Laurens Janszoon Coster, den man in den Niederlanden sogar heute noch gelegentlich als Erfinder der Buchdruckerkunst ausgibt. Es gibt eine Legende, die Gutenberg bezichtigt, bei Coster gearbeitet zu haben und bei Nacht und Nebel mit dem Geheimnis geflohen zu sein. Die Forschung hegt heute kaum noch einen Zweifel daran, daß Coster Blockbücher von Holztafeln gedruckt und mit dem Druck von einzelnen beweglichen Metallbuchstaben nichts zu tun hat.

Die Blockbücher sind in wenigen Exemplaren überliefert. Sie enthalten Themen, die auch von weniger gebildeten Menschen verstanden wurden. Darunter waren vor allem Bibelteile, die ›Biblia pauperum‹ und der ›Spiegel des menschlichen Heils‹. Die Holzschnitte, oft farbig ausgemalt, füllen meistens den größeren Teil der Seite aus und sind nur von wenigen Schriftzeilen begleitet. Die künstlerische Qualität der Blockbücher ist sehr unterschiedlich. Neben primitiven Umrißholzschnitten stehen hochwertige Leistungen, wie die erste um 1450 in den Niederlanden entstande ›Ars moriendi‹, der man als Vorlage eine Kupferstichfolge des Meisters E. S. zuspricht.

Neben den Blockbüchern spielen die Einblattholzschnitte eine hervorzuhebende Rolle, da man sie als Vorläufer der Blockbücher ansehen kann. Auch hier ist die künstlerische Ausführung sehr verschieden. Der Mensch steht gewöhnlich im Mittelpunkt, seine Gebärden und Gesichter sind stark im Ausdruck, meistens ist er überdimensional zu den ihn umgebenden Geschehnissen oder der Landschaft dargestellt. In der Kulturgeschichte nehmen diese illustrierten Einblattdrucke einen besonderen Platz ein. Sie berichten über das Tagesgeschehen und sollen den Ungebildeten sowohl als den des Schreibens und Lesens fähigen Menschen ansprechen. Es läßt sich zwischen den Einblattdrucken früherer Jahrhunderte und den heutigen Plakaten leicht eine direkte Verbindung herstellen.

DIE ERFINDUNG DER BUCHDRUCKERKUNST

Die Erfindung des Buchdrucks bedeutet eine Umwälzung für das Buchwesen. In vielen Wochen und Monaten hatten die Schreiber die Bücher von einer Vorlage Buchstabe um Buchstabe abgeschrieben. Nun konnte man mit einzelnen, beweglichen Metallbuchstaben Seiten zusammenfügen. Diese Seiten wurden mit Druckerschwärze eingefärbt, unter eine Presse gelegt und in vielfachen Exemplaren abgedruckt. So hatte man nicht nur ein einzelnes Buch, sondern gleich Hunderte des gleichen Textes. Die Revolution auf dem Buchmarkt war so stark, daß es neben der Lobpreisung auch strikte Ablehnung gab. Die Handschriftenhändler hoben die Einmaligkeit ihrer Erzeugnisse hervor. Büchersammler wie der Herzog von Montefeltre in Urbino lehnten diese mechanisch hergestellten Bücher ab. Das sollte den Siegeszug der einmaligen Erfindung nicht aufhalten.

Johannes Gensfleich zum Gutenberg, ein Mainzer Patrizier, verbrauchte sein nicht geringes Vermögen, bis die ersten Zeilen gedruckt werden konnten. In Straßburg, wohin ihn kriegerische Verwicklungen in seiner Vaterstadt vertrieben hatten, machte er die ersten Druckversuche. Sein erstes Buch entstand erst nach seiner Rückkehr in Mainz. Es war die 42zeilige Bibel, die in den Jahren 1452—55 fertiggestellt werden konnte. Diese Bibel hat keine Illustrationen. Sie ist der Handschrift nachgebildet, in zwei Kolumnen gedruckt und mit Zierinitialen und Randleisten ausgemalt, wie man es von dem handschriftlichen Buch gewöhnt war.[2]

Das erste gedruckte Buch mit Bildern ist aus Bamberg überliefert. Bischof Georg von Schaumburg (1459—75) war ein kunstverständiger Mann, und es ist glaubhaft, daß er die neue Kunst des Druckens auch an seinen Hof ziehen wollte, indem er seinen Sekretär, Albrecht

[2] Aloys Ruppel: Johannes Gutenberg. Sein Leben und sein Werk. 3. Aufl. (Unveränderter Abdruck der 2. Aufl.) Nieuwkoop 1967.

Pfister, unterstützte, sich die nötigen Kenntnisse anzueignen. Die Frage ist nur, ob Pfister schon mit dem Druck der 36zeiligen Bibel, dem zweiten großen Bibeldruck, der zu Lebzeiten Gutenbergs entstand, in Verbindung zu bringen ist. Es ist nach den Erfahrungen, die man inzwischen über die Technik des frühen Druckhandwerks gesammelt hat, sicher, daß nur ein Gehilfe Gutenbergs, der sich bereits die ersten Sporen verdient hatte, den Druck der 36zeiligen Bibel in Bamberg betreiben konnte. Albrecht Pfister sammelte vermutlich bei diesem Bibeldruck seine Kenntnisse, um danach die mit ihm in Verbindung gebrachten Bücher herauszubringen. Diese Druckwerke enthielten eine beachtliche Neuerung; denn zum ersten Male wurden Holz schnitte in einem gedruckten Buch verwandt. Man kannte den Holz schnitt als erzählendes Moment der Einblattdrucke, bei denen Schrift und Bild in einen Holzstock geschnitten wurden. Nun kann man annehmen, daß die Zusammenfügung von Metallbuchstaben und Holzstock Schwierigkeiten machte. Der Drucker brachte den Holzschnitt entweder in einem zweiten Druckgang, auf einem Platz, der vom Text ausgespart war, oder auf einer ganzen Seite ohne Text unter. Es gab aber auch die Möglichkeit, Text und Holzschnitt in einem Druckgang abzuziehen, vorausgesetzt, daß die Höhe der Druckstöcke, darunter versteht man den metallenen Buchstabensatz und den Holzstock, übereinstimmte. Die einzelnen erhaltenen Druckwerke Pfisters zeigen Merkmale, die darauf hinweisen, daß alle Möglichkeiten erprobt worden sind.

Pfisters eigentliche Rolle wird wegen der Überlieferungslücken nicht klar. Die Forschung ist den verschiedensten Wegen gefolgt. War er der Drucker, der Verleger und der Holzschneider? Man weiß es nicht. Die Holzschneider, mit großer Wahrscheinlichkeit waren es drei, glaubt Schulz in Nürnberg suchen zu müssen.[3] Eine Theorie, die glaubhaft ist; denn Nürnberg war zu jener Zeit führend in allen Fertigkeiten der Kunst. Die Auswahl der Texte — es sind deutschsprachige Volksstücke — verwundert, da man annehmen sollte, daß Pfister für den bischöflichen Kreis druckte und lateinische und theologische Schriften nehmen würde. Statt dessen wählte er den ›Ackermann aus

[3] Herbert C. Schulz: Albrecht Pfister and the Nurnberg Woodcut School. In: Gutenberg-Jahrbuch 1953, S. 39—49.

Böhmen‹, ein Streitgespräch zwischen einem Bauern und dem Tod um das Leben einer jungen Frau, das Johannes von Tepl verfaßt hatte. Weitere Publikationen waren der ›Edelstein‹, eine Fabelsammlung von Ulrich Boner, und der Belial, eine Darstellung des Gegensatzes von Christus und dem Teufel nach Jacobus von Theramo. Nun ist aber Bamberg vom deutschen Frühhumanismus nicht weiter entfernt als andere Städte auch. Albrecht von Eyb, einer der ersten deutschen Frühhumanisten, war Bamberger Domherr. Er hat seine Verbindung hierher aufrecht gehalten, obwohl er später in Eichstätt lebte. Seine Domherrenräume ließ er ausmalen und stiftete sogar eine Kapelle. Eybs bekanntestes Buch, das ›Ehebüchlein‹[4], erschien zwar erst 1472, aber seine schriftstellerische Tätigkeit, die immer auch Versuche in deutscher Sprache enthielt, hat er schon nach seinem Amtsantritt in Bamberg 1452 begonnen. Nach echter Humanistenmanier war seine erste Veröffentlichung ein Gedicht an das Mädchen Barbara, ihm folgte eine Zote über die Frauen Bambergs. Diese Thematik mutet fremd an, sie entspricht aber der italienischen Tradition, die die frühen Humanisten aus Italien mit nach Deutschland brachten, um sie hier umzusetzen. Dabei schufen sie vielleicht oft ungewollt neben ihren Übertragungen aus dem Lateinischen auch eine deutschsprachige Literatur, die immer mehr an Bedeutung gewann. In diese Richtung gehört auch Niklas von Wyle, der 1447 Ratsschreiber in Nürnberg, 1449 Stadtschreiber in Eßlingen war und schließlich ein Kanzleramt bei dem Grafen Ulrich von Württemberg übernahm. Wyle hat viele italienische Dichtungen in die deutsche Sprache übertragen. Albrecht Pfister konnte also durchaus seine literarische Anregung in Bamberg erhalten haben. Von unvorstellbarem Wert für alle Literaten war nur die Erfindung der Buchdruckerkunst. Das Beispiel Albrecht von Eyb zeigt, wie seine Studienzeit in Bologna hauptsächlich darin bestand, Texte abzuschreiben und Handschriften zu erwerben. Der Kauf von Handschriften war für ihn nicht ohne Opfer zu vollziehen, da er von seinem Bruder nur knappe Geldmittel zugeteilt bekam; ein in unserer Zeit des Überangebotes an Literatur unvorstellbarer Zustand.

[4] Faksimileausgabe: Albrecht von Eyb, Ehebüchlein. Wiesbaden: Pressler 1966. Mit einem Nachwort von Elisabeth Geck.

Die in Albrecht Pfisters Offizin entstandenen ersten Holzschnittbücher waren nicht umfangreich. Der ›Ackermann aus Böhmen‹ umfaßte 24 Blatt und 5 ganzseitige Abbildungen. Diese Art Streitgespräche waren in der Literatur häufig. Es gab eine Reihe von Handschriften, die als Vorlage dienen konnten. Johannes von Schüttwa oder von Saaz, auch von Tepl, genannt, war ein böhmischer Stadtschreiber, er starb 1414 (?) in Prag. Seine Dichtung steht auf der Wende mittelalterlicher Frömmigkeit und humanistischer Selbstbesinnung, wenn der Bauer sich gegen sein Schicksal auflehnt. Ein aus dem täglichen Leben gegriffenes Geschehen, das mit Interesse gelesen wurde, wie die nach Pfister erschienenen Ausgaben beweisen. Das zweite illustrierte Werk, Boners ›Edelstein‹[5], stellt in seinen Fabeln Tugend und Laster gegenüber. Die Anzahl der Holzschnitte, die für dieses Buch angefertigt wurde, ist ungleich größer. 203 Holzschnitte sind abgedruckt, darunter befindet sich allerdings die Rahmenfigur eines Mannes, der immer wieder vorkommt und gleichsam in der Rolle eines Mahners das ganze Buch durchzieht. Der Umfang des Gesamtwerks beträgt 78 Blätter. Der nächste Druck enthielt die ›Vier Historien‹, denen einzelne Bücher der Bibel zugrunde liegen. Im Jahre 1462 entstand dann die erste deutsche Ausgabe einer ›Biblia pauperum‹ oder Armenbibel, mit 136 Holzschnitten. Dieser ersten Ausgabe folgten noch zwei weitere, eine lateinische und eine deutsche in den folgenden Jahren. Der von Pfister beschrittene Weg der Holzschnitt-Illustration für das Buch war der richtige; denn ihm folgten nun auch alle anderen Drucker. Bis weit in die zweite Hälfte des 16. Jahrhunderts sollte es die einzige Technik bleiben, die sich im Buchdruck durchzusetzen vermochte.

Die künstlerische Qualität des Holzschnittes war unterschiedlich. Es handelte sich um Umrißholzschnitte, zum Ausmalen gedacht. Der Arbeitsvorgang gestaltete sich so, daß der Holzschneider die Zeichnung des Malers seitenverkehrt auf einen Langholzblock übertrug, dann schnitt er mit dem Messer das Holz so weit heraus, daß nur die gezeichneten Linien erhaben stehen blieben. Ob und in welchem Umfang die Maler die Zeichnung 'abpausten', ist nicht überliefert,

[5] Faksimileausgabe: Ulrich Boner, Der Edelstein. 1. Ausg. von 1461. Einleitung von Doris Fouquet. Stuttgart: Müller und Schindler 1972.

aber wahrscheinlich. Nun wurde der Holzstock eingefärbt und abgedruckt. Sollte ein Bild zusammen mit Textzeilen gedruckt werden, brachte man Holzstock und Schriftsatz auf die gleiche Höhe, indem mit sogenanntem Blindmaterial solange unterlegt wurde, bis die gleiche Ebene erreicht war. Der Buchdruck ist genau wie der Holzschnitt ein Hochdruckverfahren; denn auch die Buchstaben wurden von dem Schriftschneider aus dem Metall herausgeschnitten, so daß zum Abdruck nur die Umrißlinie des Buchstabens gelangte. Das ist der Grund, weshalb sich beide Verfahren zusammenfanden. An der Grundtechnik hat sich bis heute nicht viel geändert. Ein grundlegender Unterschied ist nur, daß der moderne Holzschneider seine Zeichnung selbst anfertigt, überträgt und schneidet, während beim Holzschnitt des 15. und 16. Jahrhunderts fast immer zwei Personen beschäftigt waren, der Zeichner und der Holzschneider. Diese Doppelarbeit ist oft schwer zu beurteilen, wenn es um künstlerische Urteile geht, da die Zeichnung im Schnitt verändert werden kann. Außerdem arbeitete der Holzschneider nach Vorlagen, ohne jemals mit dem Zeichner zusammengekommen zu sein. Das ist in der frühen Zeit des Buchholzschnittes oft der Fall und mit ein Hauptgrund dafür, daß es so viele Zuweisungen an Künstler gibt und nur wenige exakte Bestimmungen.

Die Ausbreitung der Buchdruckerkunst vollzog sich rasch. 1450 Mainz, 1460 Bamberg und Straßburg, 1465 Köln, 1467 Rom, 1468 Augsburg, 1469 Nürnberg und Venedig, 1470 Basel, Paris, Utrecht etc.; bis 1500 wird in mindestens 247 Städten gedruckt. Die Illustrierung des Buches wird fortgeführt. Es lassen sich ganz allgemein zwei Richtungen feststellen. Einmal die Ausschmückung der Seiten durch Initialen und Randleisten, die der Tradition der Handschrift entspricht, und zum anderen die neue Art des Holzschnittbuches mit Bildern, das seine Vorläufer in den Holztafeldrucken hat. Noch sind die nationalen Unterschiede nicht sehr groß. Die neue Kunst muß sich erst etablieren. Die Schreiberschulen suchen sich ihrer Haut zu wehren. Auch die Brief- und Kartenmaler beschweren sich, daß ihnen die Drucker das tägliche Brot schmälern, bis sich beide Berufszweige umstellen und für das neue Gewerbe arbeiten.

DAS 15. JAHRHUNDERT

Ein gutes Beispiel für die frühe Buchillustration bietet Augsburg. Hier führte Günther Zainer 1468 endgültig die Buchdruckerkunst ein, nachdem Abt Melchior Stamheym bereits im Kloster S. Ulrich und Afra eine Druckerei in Anlehnung an die berühmte Schreibschule des Klosters eingerichtet hatte, sie aber auf Protest seines Ordens wieder einstellen mußte. Schreiber, Formschneider und Buchmaler lehnten sich auch hier gegen das neue Gewerbe auf, aber es gelang dem als Schiedsmann berufenen Stamheym, das Interesse für das Neue zu wecken. Zainer ließ seine Bücher von Anfang an illustrieren. Eine Besonderheit war die Holzschnittinitiale. Ganze Bilderzählungen ließen sich in den Buchstabenkörpern unterbringen. In den bildlosen Initialbuchstaben verwandte er das Maiglöckchen-Emblem. Diese Maiglöckchen-Initialen sind ein Charakteristikum für Augsburger Drucke geworden, da sie auch von den anderen Druckern, die sich neben Zainer in der Stadt niederließen, übernommen wurden. Zainers deutsche Bibel von ca. 1475 ist ein hervorragendes Beispiel für die Holzschnittinitialen. Es ist nun möglich, ein Buch mit Schrift und Bild in der Druckerei herzustellen. Das heißt, daß die Handschrift endgültig überwunden ist, aber immer wieder als Vorbild nachgeahmt wird.

Die Zusammensetzung des Satzes und damit die Gestaltung des Buches oblag dem Setzer; Formschneider und Maler hatten wenig Einfluß darauf. Schon von Anbeginn der Buchillustration wanderten Holzstöcke von Druckerei zu Druckerei. Einen Schutz gegen Nachdruck gab es nicht. In diesem Zusammenhang sei auf die Nachschnitte der Initialen der Zainer-Bibel in der Sensenschmidt-Bibel in Nürnberg hingewiesen. Die Gestalter der frühen Augsburger Buchillustration konnten auf bodenständiges Malgut zurückgreifen, wie es in den Handschriften überliefert ist,[6] und weiterhin auf Federzeichnun-

[6] Hans H. Schmid: Augsburger Einzelformschnitt und Buchillustration im 15. Jh. Archiv f. Geschichte d. Buchwesens 1, 1958.

gen.[7] Es lassen sich ähnliche Strichführungen bei der Gestaltung der Gesichter beobachten, selbst in der Farbgebung der Holzschnitte läßt sich eine bestimmte Eigenart im blauen Strich, der den Himmel andeutet, oder dem zinnoberroten Rand feststellen. Zainers Druck- und Verlagswerk — die Frühdrucker waren auch ihre eigenen Verleger — umfaßte Heiligenleben in der Übersetzung des Jacobus de Voragine, die ›Legenda aurea‹, ›Spiegel menschlicher Behaltnis‹, Plenarien, den ›Belial‹ des Jacobus de Theramo und vieles andere mehr.

Ein anderer Augsburger Drucker, Johannes Bämler, trat mit seinen Holzschnittbüchern hervor. Bämler war Schreiber und Rubrikator, also ein Mann, der aus einem graphischen Beruf kam. Man hat in ihm auch den Illustrator seiner Bücher vermutet. Dafür haben sich aber keine Beweise ergeben, und so blieb es bei einem Bämler-Meister ohne Namen. Aber nicht nur dieser Künstler hat für die Offizin gearbeitet, sondern auch andere. Außerdem gab es immer wieder Nachschnitte von Arbeiten anderer Druckereien, wie sie bei einer ›Griseldis‹-Ausgabe von Johann Zainer in Ulm übernommen wurden. Wie rasch sich die Produktion der Drucker ausweitet, zeigen die vielen Ausgaben der Volksbücher, darunter sind ›Melusine‹, ›Herzog Ernst‹, ›Sigenot‹ etc., der Reisebücher (›Reise ins Heilige Land‹, ›Schiltbergers Reisen‹) u.a. oder das ›Buch der Natur‹ von Konrad von Megenberg. Neben Bämler wären die Drucker Jodocus Pflanzmann, Anton Sorg, Johann Otmar zu nennen. In Augsburg entsteht auch der Einleitungsholzschnitt, ein ganzseitiges Bild als Auftakt des Buches. Der einfache Umrißholzschnitt füllt sich mit Schraffuren, so daß sich eine leicht malerische Wirkung bemerkbar macht. Die Fülle des Holzschnittwerkes, das die Drucker des 15. Jahrhunderts gebraucht haben, läßt sich nicht beschreiben. Es ist bis auf einen noch zu bearbeitenden Rest in 23 Foliobänden von Albert Schramm originalgetreu und nach Druckstädten geordnet mit dem Titel ›Bilderschmuck der Frühdrucke‹ zu Leipzig 1920—1943 herausgegeben worden.

Die Reichsstadt Augsburg gehörte im 15. Jh. zu den angesehensten Städten Europas. An günstigen Handelsstraßen nach Italien gelegen,

[7] Hellmut Lehmann-Haupt: Schwäbische Federzeichnungen. Studien zur Buchillustration Augsburgs im 15. Jahrh. Berlin, Leipzig 1929.

brachten die großen Kaufleute nicht nur Waren, sondern auch italienisches Kultur- und Gedankengut mit. So macht sich im Buchdruck diese Verbindung bald bemerkbar. Erhart Ratdolt ist ein typisches Beispiel dafür. Er verläßt seine Vaterstadt und errichtet zusammen mit seinen Landsleuten Peter Löslein und dem Maler Bernhard in Venedig eine Druckerei. Ratdolts Kunstfertigkeit, Verbesserungen in seinem Gewerbe einzuführen wie den Mehrfarbendruck, den Golddruck oder die Einfügung astrologischer Figuren im Text, verschafften ihm einen guten Ruf. Im Jahre 1486 kehrte er mit seinem gesamten Druckmaterial nach Augsburg zurück. Auf einem Schriftmusterblatt bildet er seine Schriften ab, von denen besonders die Antiquaschriften Bewunderung erregten. Für uns wichtig ist aber sein Buchschmuck. Er bringt vielerlei Holzschnittzierleisten, die im Negativdruck hergestellt waren. Dieses feine Rankenwerk, das wie feines Filigran wirkte, wurde in Augsburg fleißig nachgeahmt und findet sich auf manchem Titelblatt und in Randleisten wieder. Das Besondere daran war, daß alle Linien weiß auf dunklem Untergrund standen.

In Venedig trug die Druckkunst dieser Jahre das Gesicht des Humanismus in Schrift und Text und das der Renaissance in der Illustration. Keine Publikation verkörpert diesen Zusammenklang so stark wie die ›Hypnerotomachia des Poliphili‹ von Francesco Colonna. Ein klares, künstlerisch ausgewogenes Bild einer einmaligen Antiquaschrift umrahmt feine Metallschnittillustrationen, die elegant und ausdrucksvoll, doch etwas seelenlos die italienische Renaissance typisieren. Drucker und Verleger Aldus Manutius, ein hochgebildeter Humanist, hatte damit eines der schönsten Bücher des 15. Jahrhunderts geschaffen, dessen Typus uns in Italien immer wieder begegnet. Das erste in Italien illustrierte Buch entstand 1467 in der Druckerei des Ulrich Han in Rom. Es ist eine Ausgabe von Johannes de Turrecremata ›Meditationes‹ (über das Leben Christi) mit einfachen Umrißholzschnitten. Italien hat keinen ausgesprochenen Einfluß auf die Buchillustration des 15. Jahrhunderts genommen. Bemerkbar macht sich die Ornamentik der Renaissance vor allem im Rankenwerk der Zierleisten. Stärker ist der Einfluß auf die Antiquaschriften, hier ist Italien um diese Zeit führend. Basel spielt in der Verarbeitung italienischen Gedankengutes in der Gestaltung des Buches die Hauptrolle.

Von hier gelangen die Vorbilder in erster Linie nach Frankreich und dann erst nach Deutschland. In Deutschland liegt der Schwerpunkt der bildhaften Buchillustration des 15. Jahrhunderts. Das Motiv dieser Illustration ist nicht der Wunsch nach künstlerischer Ausgestaltung des Buches, sondern das Bestreben, den Text verständlicher zu machen. So haben wir eine Fülle von volkstümlichen und Erbauungsschriften in allen Druckstädten. Das ändert sich erst am Ende des Jahrhunderts. Der Buchdruck hat sich konsolidiert, namhafte Künstler übernehmen Illustrationsaufträge und man beginnt zwischen wissenschaftlichem, erbaulichem und bibliophil gestaltetem Buch zu unterscheiden. Das Buchformat wird flexibler, das Titelblatt wird besonders hervorgehoben, das Angebot an Schriften vielseitiger.

Der erste Straßburger Drucker, Johannes Mentelin, zögerte mit der Illustration seiner Bücher. Die erste Bibel in deutscher Sprache, die er 1465—66 herausbrachte, enthält keine Holzschnitte. Auch seine übrige Produktion hat wenig oder gar keine Bilder. Es ist möglich, wie es Kunze darstellt,[8] daß die Ursache hierfür in der Rücksichtnahme auf Brief- und Kartenmaler zu suchen ist. Erst Johann Grüningers Druckwerke (1482—1531) zeugen von großer Bilderfreudigkeit. Johann Reinhard aus Grüningen, genannt Grüninger, war ein tatkräftiger Drucker. Seine Produktion ist groß, sie umfaßt volkstümliches und wissenschaftliches Schrifttum. Aus der Fülle seiner illustrierten Werke heben sich die Komödien des Terenz hervor. Hier zeigt sich eine Illustrationspraxis, die nicht nur den gleichen Holzschnitt mehrmals verwendet, sondern die Holzstöcke werden bereits so angefertigt, daß sie auswechselbar sind und zu Bildern gesetzt werden können. Mit 85 Holzstöcken ließen sich 745 Abbildungen zusammenfügen. Die Künstler der Grüningerschen Werkstatt sind namentlich nicht bekannt. Sie holten ihre Anregungen aus Augsburg, Ulm und Basel. In den ganzseitigen Illustrationen fällt das Bemühen auf, durch feine Schraffuren einen Schwarzweißeffekt zu erreichen. Es bleibt jedoch bei diesen Ansätzen, die übliche Manier, den Holzschnitt aus-

[8] Horst Kunze: Geschichte der Buchillustration I, S. 214. Paul Kristeller: Die Straßburger Bücher-Illustration im 15. und im Anfang des 16. Jh. Leipzig 1888 (= Beiträge z. Kunstgeschichte. N.F. 7).

zumalen, behält die Oberhand. Die dargestellten Figuren tragen zum Teil Schriftbänder mit dem Namen der handelnden Person, was aus der Handschriftentradition übernommen wurde und zum besseren Verständnis für den Lesenden gedacht war. In Straßburg hat sich der Einleitungsholzschnitt, der bereits in Augsburg erscheint, durchgesetzt. Dieser ganzseitige Holzschnitt nimmt Bezug auf den Inhalt des Buches. Bei den Komödien des Terenz ist es ein kleines Theater, aus dessen oberen Fenstern die Gäste herausschauen, während im Parterre die Freudenmädchen mit den Kavalieren sichtbar sind. In der ›Chirurgia von Brunschwig‹ weist ein Wundenmann mit allerlei Instrumenten im Körper auf das hin, was im Buch besprochen wird. Neben dem Eingangsholzschnitt erscheint in wissenschaftlichen Werken der Lehrer-Schüler-Holzschnitt, der den Lehrer meistens auf dem Katheder sitzend und sich in dozierender Weise den Schülern zuwendend zeigt, die zu seinen Füßen sitzen oder stehen.[9] Eine dritte Form des ganzseitigen Holzschnittes, der am Anfang des Buches steht, ist der Dedikationsholzschnitt, der den Autor in ehrerbietiger Form sein Buch einer hochgestellten Persönlichkeit überreichen läßt.

Straßburgs Stellung in der oberrheinischen Kunst ist sicher von Bedeutung, in der Buchillustration des 15. Jahrhunderts finden sich jedoch keine weiterführenden Impulse. Martin Schongauer, der berühmte Maler und Kupferstecher (um 1430—91) hat keinen Einfluß auf die Buchproduktion genommen. Auffallend in der Art der Darstellung ist die starke Anlehnung an die Handschriftenillumination Frankreichs, wie es sich in der starren Haltung der Figuren oder den mit Platten belegten Fußböden zeigt.[10] Außer bei Grüninger findet sich das illustrierte Buch auch bei anderen Druckern der Stadt wie Johann Prüss d. Ä. oder Matthias Hupfuff. Eine große Rolle spielt hingeben der literarische Einfluß der Autoren Sebastian Brant, Jakob Wimpfeling, Sebastian Frank, Geiler von Kaysersberg etc., der allerdings erst im 16. Jahrhundert voll zur Geltung kommt.

[9] Wilhelm Ludwig Schreiber, Paul Heitz: Die deutschen „Accipies"- und Magister-cum-discipulis-Holzschnitte als Hilfsmittel zur Inkunabelbestimmung. Straßburg 1908 (= Studien zur deutschen Kunstgeschichte 100).

[10] Lili Fischel: Bilderfolgen im frühen Buchdruck. Studien zur Inkunabel-Illustration in Ulm und Straßburg. Konstanz, Stuttgart 1963.

Die Komödien des Terenz sind ein Musterbeispiel dafür, wie eine Dichtung durch Jahrhunderte lebendig bleibt. Von Straßburg folgen wir Terenz nach Lyon. Hier wurde von Johann Trechsel 1493 eine Ausgabe herausgebracht, nachdem bereits bei Dinckmut in Ulm 1486 der ›Eunuch‹ des Terenz erschienen war, so daß beide Ausgaben den Grüningerschen Terenz von 1496 beeinflußt haben können. Die Lyoneser Holzschnitte wirkten als Bühnenbilder und werden offenbar als Neuerung empfunden. So nimmt man allgemein in der Literatur an, daß der Lyoneser Terenz möglicherweise die Herausgabe einer weiteren Ausgabe in Basel bei Michael Furter verhindert hat, da man auch zu jener Zeit schon ökonomisch hauszuhalten verstand. Dieser Basler Terenz ist uns in einer Anzahl von Holzstöcken in der Universitätsbibliothek Basel erhalten geblieben. Die Zuweisung der Holzschnitte an Albrecht Dürer führte zu einem seit 1892 viel diskutierten kunsthistorischen Thema. Dürer ging 1490 auf Wanderschaft, wie es bei jungen Handwerkern und Künstlern üblich war. Bei seiner Ankunft in Colmar lebte Martin Schongauer, den er aufsuchen wollte, nicht mehr. Daraufhin begab er sich nach Basel. Es war gewiß nicht schwer für Dürer, hier Zugang zum Druckerhandwerk zu finden; denn er mußte das Gewerbe kennen, da Anton Koberger, der angesehenste Drucker Nürnbergs, sein Pate war. Ein Einzelholzschnitt, ein heiliger Hieronymus, der für eine Ausgabe der Briefe des Kirchenvaters bei dem Drucker Nicolaus Keßler 1492 erschien, beweist die Arbeit Dürers für das Druckgewerbe. Der Holzstock hat sich erhalten und trägt auf der Rückseite die Inschrift „Albrecht Dürer von Nörmergk", er wird in der Universitätsbibliothek zu Basel aufbewahrt. Damit ist seine Tätigkeit in Basel bewiesen. Die Kontroverse erstreckt sich aber ebenso auf die beiden berühmten Werke ›Das Narrenschiff‹ von Sebastian Brant und die Ausgabe des Ritter vom Turn aus der Offizin Johann Bergmanns von Olpe. Im ›Narrenschiff‹ werden Dürer von Friedrich Winkler 73 und im ›Ritter vom Turn‹ 43 Holzschnitte zugesprochen.[11] Dürer steht zu jener Zeit noch nicht auf der Höhe seiner graphischen Kunst. Die von ihm später so be-

[11] Friedrich Winkler: Dürer und die Illustrationen zum Narrenschiff. Berlin 1951.

herrschte Schwarzweißwirkung begegnet schon in diesen Bildern, doch fällt sie gegen die späteren Holzschnitte ab. Die Diskussion kann kein Ende finden, da keine Namensnennung vorkommt, der Holzschneider unbekannt ist und keine Arbeitsverträge vorhanden sind. Das ist ein Musterbeispiel für einen Tatbestand, der im gesamten frühen Buchholzschnitt immer wieder vorkommt und so manche schöne Hypothese zu Fall gebracht hat. In der Frage Dürer in Basel scheint sich zur Zeit die Meinung Winklers, wenn sie auch sehr apodiktisch gegeben wird, durchzusetzen. Im Katalog der Dürer-Ausstellung von 1971 sind alle drei Werke für Dürer erwähnt.

Das ›Narrenschiff‹ von Sebastian Brant ist in jeder Beziehung eines der interessantesten Bücher dieser Zeit. Brant stammte aus Straßburg, er hatte sich durch seine Studien und schriftstellerischen Arbeiten einen Namen gemacht. Er neigte dem in Basel üblichen moralisierenden Humanismus zu, war aber sehr geschäftstüchtig und eitel, alles Eigenschaften, die man den Humanisten gern nachsagt. Im ›Narrenschiff‹ läßt er den Narren Eigenschaften des Menschen, auch Zeitumstände geißeln, die allgemeines Interesse finden. Der Holzschnitt, der Narr erscheint immer mit Eselsohren, ist der Mittelpunkt des jeweiligen Essays, der Text ist ihm fast erklärend untergeordnet. Dieses leicht verständliche Buch erschien 1494 in deutscher und lateinischer Sprache. Die Thematik ist nicht neu, Brant hatte Vorlagen in handschriftlichen Narrenspiegeln und der Fastnachtsüberlieferung, auch hatte sich der Hofnarr von einem Tölpel zu einer Art Weisen an den Fürstenhöfen entwickelt. Das Buch wurde vielfach nachgedruckt. Bis zu Brants Tode erschienen 6 Originalausgaben und sieben Nachdrucke.

Neben Straßburg und Basel gilt es Ulm zu erwähnen.[12] Allein schon die personelle Verbindung gibt zu allerlei Gemeinsamkeiten Anlaß. Johann und Günter Zainer haben in Straßburg das Druckhandwerk gelernt. Johann ließ sich in Ulm nieder, Günter in Augsburg. Johann Zainer fand in Ulm den Arzt und Humanisten Heinrich Steinhöwel, mit dessen Unterstützung er seine Offizin betrieb.

[12] Peter Amelung: Der Frühdruck im deutschen Südwesten 1473—1500. Bd. 1: Ulm. Stuttgart 1979.

Es sind zwei Publikationen, die über dem Durchschnitt stehen. Boccaccios ›De claris mulieribus‹ und die Fabeln des Aesop. Beide Werke wurden von Steinhöwel bearbeitet und in lateinischen und deutschen Ausgaben herausgebracht. Es ist hier wie an vielen anderen Orten, ein gelehrter Humanist verbindet sich mit einem Drucker.

Giovanni Boccaccios Werk ist eine Sammlung von Biographien bekannter Frauen der Geschichte, angefangen bei Eva. Das Buch erschien 1473 in lateinischer Sprache mit 81 Holzschnitten und im gleichen Jahr in deutscher mit 76. Interessant ist, daß Zainer außerdem eine Art Volksausgabe nur mit 80 Holzschnitten und jeweils kurzen Legenden druckte. Die Abbildungen sind durchweg im Querformat gegeben. An der guten Qualität der Holzschnitte haben sich wohl schon die Zeitgenossen gefreut, sie wurden in Augsburg nachgedruckt. Vor allem hat man oft darauf hingewiesen, daß der anonym gebliebene Boccaccio-Meister meistens in oder für Augsburg gearbeitet hat. Trotz der vom Künstler neu erfundenen perspektivischen Einsicht in das Interieur des Bildes bleiben die Abbildungen Nachempfindungen einer französischen Handschrift, wie Lilli Fischel dargelegt hat. Die Ausgabe der Aesopschen Fabeln wurde von Steinhöwel mit Geschichten von Poggio u.a. ergänzt. Das Holzschnittwerk von 205 Abbildungen zeigt in dieser Zeit einmalige Tierdarstellungen, die sicher auch zum Teil übernommen sind wie der Wolf aus Boners ›Edelstein‹ von Pfister in Bamberg, aber im ganzen sich doch durch hohe Ausdruckskraft auszeichnen. Zwar hat man versucht, den Ulmer Holzschnitzer Jörg Styrlin, der das Domgestühl gearbeitet hat, für diese Arbeit heranzuziehen, andererseits jedoch hat man auf einen unverkennbaren niederländischen Einfluß hingewiesen. Es gelingt hier wieder nicht, einen Künstler mit Sicherheit namhaft zu machen, wie es fast charakteristisch für das Jahrhundert ist. Der Aesop wurde 130mal bis zum Jahre 1500 herausgebracht. Die Holzschnitte druckte man vielfach nach, auch in den Niederlanden, mit denen Ulm eine Blockbuch-Tradition gemeinsam hat. Der Einleitungsholzschnitt mit dem sprechenden Gesicht eines weisen Mannes auf einem kleinen verkrümmten Körper ist in seiner Einfachheit doch so eindrucksvoll, daß er immer wieder abgebildet wird, wenn vom Ulmer Aesop die Rede ist. Aus der hohen Zahl der Drucke ist ein Werk zu erwähnen, das eine große Leistung darstellt: die ›Cosmographie‹ des Ptolemaeus, der erste Atlas der Druckerei Lienhart Holles, dessen Karten Holzschnitte sind. Die Weltkarte trägt den Namen des Holzschneiders Johann Schnitzer von Armsheim. Ein solches Künstlermonogramm ist in dieser Zeit sehr selten. Unter der Bezeichnung Schnitzer versteht man heute die Berufsbezeichnung Formschneider. Der Ulmer ›Ptolemaeus‹ war die erste Ausgabe dieses Atlasses auf deutschem Boden. Die beiden vorausgehenden Ausgaben erschienen in Bologna und Rom mit Kupferstich-Karten von Nicolaus Germanus, eines in Italien lebenden deutschen Geistlichen. Das bedeutende Druckwerk, das Holle mit diesem Atlas geschaffen hatte, brachte ihm nur Schulden, die mit zum Untergang seiner Druckerei beitrugen.

In Mainz, der Stadt der Erfindung der Buchdruckerkunst, hat man sich mit der Illustration zunächst Zeit gelassen. Lag es daran, daß die Versuche Gutenbergs in eine andere Richtung gingen? Es ist in Verbindung mit dem Mainzer Psalter von 1457 die Frage aufgetaucht, ob Gutenberg den Kupferstich zur Illustrierung der Bücher ins Auge gefaßt hatte.[13] Die kunstvollen Initialen des Psalters haben gewiß einen glänzenden Handwerker erfordert, aber es ist nirgends eine bildliche Darstellung erhalten, die es rechtfertigen würde, den berühmten Meister der Spielkarten in den Mainzer Werkstattbereich mit einzubeziehen. Der Gedanke, daß Gutenberg eine Art Handschriftenfaksimile mit der gesamten Illumination vor sich sah, ist einleuchtend. Diesen Weg sind seine Nachfolger nicht gegangen, sie haben sich dem näherliegenden Blockbuchdruck angeschlossen. So beginnt der eigentliche Mainzer Buchholzschnitt in der Offizin Peter Schöffers erst in den 80er Jahren des Jahrhunderts. Ein kurzes Gastspiel gab der Drucker Johannes Numeister mit seinen ›Meditationes‹ des Turrecremata, deren Metallschnitte der Ausgabe dieses Werkes von Ulrich Han in Rom nachgebildet waren. Numeister gehörte zu jenen Wanderdruckern, die nach kurzer Zeit wieder weiterzogen. So ist er vermutlich von Mainz nach Italien gegangen, wieder zurückgekehrt und weiter nach Frankreich gewandert.

[13] Hellmut Lehmann-Haupt: Gutenberg und der Meister der Spielkarten. In: Gutenberg-Jahrbuch 1962, S. 360—379. Ders.: Gutenberg and the Master of the Playing-Cards. New Heaven 1966.

Das bedeutendste Holzschnittbuch dieser Jahre ist Bernhard von Breydenbachs ›Reise ins Heilige Land‹.[14] Die Skizzen für die Illustrationen dieses Werkes wurden während der Reise von dem Maler Erhard Reuwich aus Utrecht angefertigt. Das ist etwas völlig Neues, aber man darf diese Ankündigung nicht wörtlich nehmen; denn dem Zeitgeschmack entsprechend steht im Hintergrund der großen Ansicht von Venedig die ganze Alpenkette. Das ergibt bestimmt eine hübschere Darstellung, aber niemand wird, auch in einer Aufsicht, die Berge sehen, wenn er am Markusplatz steht. Breydenbach war Mainzer Domherr und unternahm die Reise mit dem Grafen zu Solms-Lich und einer kleinen Gruppe, zu der auch Reuwich gehörte. Nach seiner Rückkehr nach Mainz erschien der Reisebericht in lateinischer, deutscher und niederländischer Sprache. Reuwich gibt sich auch als Drucker dieses Werkes aus, obwohl es mit den Typen Peter Schöffers gedruckt wurde und man den Grund nicht einsieht, warum Schöffer sich das Geschäft hat entgehen lassen sollen. Die landschaftlichen Holzschnitte des Werkes sind besonders gelungen. Um Erhard Reuwich hat sich eine ausgiebige kunsthistorisch-stilistische Debatte entwickelt, da man in ihm den Hausbuchmeister zu sehen glaubt. Diese These blieb trotz ernsthafter Bemühungen eine Vermutung. Aus der Mainzer Illustration wären neben der ›Sachsenchronik‹ vor allem die Pflanzenholzschnitte zu den Kräuterbüchern Schöffers und Meydenbachs zu erwähnen.[15]

Das am häufigsten gedruckte Buch war wohl zu allen Zeiten die Bibel mit ihren verschiedenen Teilen. Im 15. Jahrhundert sind 12 illustrierte Bibelausgaben entstanden, von denen besonders die Kölner Bibeln hervortreten.[16] Köln ist ein großes Druckzentrum mit etwa 30 Druckern. Die Illustration scheint jedoch gern in Form von Vorlagen oder Holzstöcken von auswärts übernommen worden zu sein. Man hat das damit zu erklären versucht, daß die Masse der theologi-

[14] Bernhard von Breydenbach: Die Reise ins Heilige Land. Übertragung und Nachwort von E. Geck. Wiesbaden 1961.

[15] Reimar Walter Fuchs: Die Mainzer Frühdrucke mit Buchholzschnitten 1480—1500 (= Archiv f. Geschichte d. Buchwesens 2, 1958).

[16] Severin Corsten: Die Kölner Bilderbibeln von 1478. In: Gutenberg-Jahrbuch 1957, S. 72—93.

schen und wissenschaftlichen Schriften, die hier erschienen, keine oder nur spärliche Abbildungen benötigten. Der Druck der Bibel, die in zwei sprachlich verschiedenen Ausgaben, einer niederdeutsch-sächsisch-ostfälischen und einer niederdeutsch-fränkisch-münsterländischen, erschien, ist ein Unternehmen unterschiedlicher Drucker und Geldgeber, die sich nur hierfür zusammenschlossen. Man sieht daraus, wie kostspielig ein solches Unternehmen war und welchen besonderen Rang es in der damaligen Zeit einnahm. Ob nun Heinrich Quentell und Bartholomäus von Unkel als Fertiger oder Drucker, Anton Koberger als Gesellschafter und Jakob Helman als Geldgeber beteiligt waren, ist nicht klar überliefert. Leider fehlen aber auch die Namen der Holzschneider, die die 113 Holzschnitte der ersten und die 123 der zweiten Ausgabe hergestellt haben. Als Vorlage diente nach Kautzsch[17] eine Kölnische Handschrift, die in Berlin erhalten ist. Anregungen übernahm man auch aus der Zainer-Bibel in Augsburg. Der stilistische Einfluß weist nach Frankreich und den Niederlanden, für Köln immer wieder kulturelle Austauschgebiete. Die Holzschnitte haben ein verhältnismäßig großes Querformat, und sie erreichen die Breite des Satzspiegels. Die Einfassungslinie der Bilder ist ein Doppelstrich, der wie ein Bilderrahmen wirkt, so daß ihnen die Härte der einfachen Strichumrahmung fehlt. Der einfache Linienholzschnitt ist mit Schraffuren und perspektivischen Versuchen versehen. Durch den sprechenden Ausdruck der Gesichter in der harmonischen Komposition wird das Erzählerische betont. Besondere Erwähnung verdienen die Randleisten, die in ihren Drolerien auf die Niederlande und Frankreich hinweisen. Die hochqualifizierten Schreiberschulen dieser Länder, die uns Kostbarkeiten der Miniaturmalerei in ihren Handschriften hinterlassen haben, beeinflußten ganze Generationen. Die Drucker suchten diese Vorbilder immer wieder nachzuahmen. Das Kölner Bibelwerk hat zu seiner Zeit große Bewunderung hervorgerufen, was die vielfache Nachahmung der Bilder beweist, deren Qualität über dem allgemeinen Illustrationsdurchschnitt lag.

[17] Rudolf Kautzsch: Die Holzschnitte der Kölner Bibel von 1479. Straßburg 1896 (= Studien zur deutschen Kunstgeschichte 7).

Ähnlich wie die Kölner Bibel hat die Lübecker Bibel Aufsehen erregt. Steffan Arndes, der das Handwerk in Mainz erlernt und lange Jahre in Italien gelebt hatte, druckte sie 1494. Wie bei der Kölner Bibel sind auch hier keine Holzschnittkünstler bekannt. Man hat die Bilder Bernt Notke, dem bekannten Lübecker Maler und Bildhauer, zugeschrieben. Andere Vermutungen richten sich nach Frankreich und gehen davon aus, daß es sich um einen Künstler handelt, den Arndes aus Italien mitgebracht, der aber auch bei Trechsel in Lyon gearbeitet hatte, da stilistisch große Übereinstimmung zwischen Abbildungen Trechsels und der Lübecker Bibel bestehen. Es bleibt auch hier bei der Anonymität des Künstlers, aber einer hohen Qualität des Geschaffenen.

Am Ende unseres Streifzuges durch das 15. Jahrhundert steht Nürnberg. Es ist neben Augsburg wohl die interessanteste Stadt im Buchholzschnitt der Zeit. Aus dem Kreise der Drucker tritt Anton Koberger hervor.[18] Er ist Geschäftsmann und Verleger, seine Bücher ließ er in verschiedenen Druckereien herstellen. In seiner eigenen Druckerei standen 24 Pressen. Sein bekanntestes illustriertes Buch ist die Weltgeschichte des Arztes Hartmann Schedel, kurz ›Schedelsche Weltchronik‹ genannt. Die 1809 Holzschnitte dieses gewaltigen Buches wurden von 645 verschiedenen Holzstöcken gedruckt. Über den Hergang dieses Riesenunternehmens sind wir bestens unterrichtet; denn es haben sich Verträge und Abrechnungen erhalten.[19] Koberger hatte zur Finanzierung zwei Nürnberger Bürger, Sebald Schreyer und Sebastian Kammermeister, herangezogen. Als Holzschnittkünstler verpflichtete er Michael Wohlgemuth und dessen Schwiegersohn Wilhelm Pleydenwurf,[20] die Lehrer Dürers. Im Juli 1493 erschien die lateinische Ausgabe des Werkes und im Dezember des gleichen Jahres die deutsche. Es ist anzunehmen, daß Wohlgemuth und Pleydenwurf

[18] Oskar von Hase: Die Koberger. 2. Aufl. Leipzig 1885.

[19] Elisabeth Rücker: Die Schedelsche Weltchronik. Das größte Buchunternehmen der Dürer-Zeit. München 1973.

[20] Von beiden Künstlern stammen ebenfalls die Holzschnitte zum Schatzbehalter. — Richard Bellm: P. Stephan Fridolin, Der Schatzbehalter, ein Andachts- und Erbauungsbuch aus dem Jahre 1491. Mit 91 Holzschnitten und 2 Textseiten Faksimile. Textband. Wiesbaden 1962.

mit dem großen Holzschnittwerk 1488 begonnen haben, da ihr Vertrag bis 1489 lief. In diesen Jahren arbeitete auch der junge Dürer in ihrer Werkstatt, und man vermutet seine Hand wohl mit Recht bei manchen Bildern, z.B. den Engeln in der Umrandung der Weltkarte, der ›Krönung Mariens‹ oder dem ›Totentanz‹. Hervorstechend sind die vielen Städtebilder, die das Buch enthält. Hier ist der größte Teil nach Vorlagen entstanden, aber man hat auch, wie das üblich war, dieselben Abbildungen für mehrere Städte verwandt. Dasselbe geschah bei Personen. Der Typus Stadt oder Edelmann genügte für die Darstellung. Bei dem Umfang des Werkes fallen diese Doppelstücke nicht sehr ins Gewicht. Die Holzschnitte waren zum Ausmalen gedacht, so hat man sich mit der Schwarzweißwirkung zurückgehalten und die offene, lichte Form des Bildes gewählt. Das gesamte Holzschnittwerk ist eine Werkstattarbeit und die einzelnen Künstler sind schwer zu unterscheiden. Die Kostümierung der Personen entspricht dem Zeitgeschmack und ist somit kulturhistorisch eine Fundgrube. Der Text des Werkes ist von den verschiedensten Verfassern zusammengetragen. Schedel fand auch Unterstützung bei anderen Zeitgenossen. Reisebeschreibungen, Bibelstellen, Biographien etc. fanden Verwendung. Erstaunlich ist die Harmonie des Gesamtwerkes in Schrift und Bild; das bringt dem Buch bis heute die Bewunderung durch den Bücherfreund ein.

Neben Koberger hat es in Nürnberg eine Reihe von Druckereien gegeben, die illustrierte Bücher herausgebracht haben, aber in sehr viel kleinerem Umfang und weniger bedeutungsvoll. Johann Sensenschmidts deutsche Bibel von 1476/78 brachte Nachschnitte der Augsburger Zainer-Bibel, die um 1475 entstand. Es gab in der Stadt eine größere Anzahl sogenannter Kleinmeister, die Einblattdrucke, Einzelholzschnitte etc. herstellten. Alle diese Meister blieben unter dem Niveau von Dürers Werkstatt. So hat denn auch Dürer mit den Bildern zur Apokalypse in Buchform das 15. Jahrhundert in grandioser Weise abgeschlossen.[21] In den 12 ganzseitigen Holzschnitten tritt uns die Fülle seiner graphischen Begabung entgegen. Diese Bilder bedurf-

[21] Erwin Panofsky: The Live and Art of Albrecht Dürer. 4th ed. Princeton, New Jersey 1955.

ten keiner Bemalung, sie wirken auch schwarzweiß wie ein Gemälde. Die Auslegung der Apokalypse durch Dürer ist oft gedeutet worden. In ihr nur eine ästhetisch-künstlerische Bedeutung zu suchen, ist zu wenig. Dürer war seiner Zeit verhaftet, wie jeder Künstler es ist. Auch Luther blieb keine Einzelerscheinung, er wurde getragen und getrieben von den Strömungen seiner Epoche. So versucht auch Dürer eine Auseinandersetzung mit der Tradition des Mittelalters, zu der ein solches Thema ihn anregen mußte, auch wenn sein äußeres Leben den Anschein der Traditionsgebundenheit erweckte.

Die ›Apokalypse‹ hat die Frage aufgeworfen, ob Dürer selbst eine Druckerei betrieb. Die Texte, die auf der Rückseite der Bilder gedruckt sind, zeigen eine Drucktype Kobergers. Vermutlich hatte er sie dem Künstler geliehen oder die Textseiten für ihn gedruckt. Dürer selbst hat nie eine Druckerwerkstatt besessen, obwohl sein Interesse am graphischen Gewerbe zweifellos groß war. Neben der ›Apokalypse‹ entstanden die große und kleine ›Passion‹, das ›Marienleben‹ und die grüne ›Passion‹ im Kupferstich als Bilderfolgen mit Buchcharakter. In späteren Jahren hat Dürer sich im Zusammenhang mit der Proportionslehre auch mit der Schrift auseinandergesetzt und seine Erkenntnisse in dem Buch ›Mit Zirkel und Richtscheyt‹ dargelegt. Das Alphabet, das er hier konstruierte, war zur Benutzung für Maler und Bauleute gedacht.

Aus dem Kreis der Dürer-Schüler sollen zwei Werke[22] Erwähnung finden, deren eines außerdem als Beispiel des deutschen literarischen Humanismus Geltung hat. Konrad Celtis, einer der bekanntesten deutschen Humanisten, wurde 1487 in Nürnberg von Kaiser Friedrich III. zum poeta laureatus gekrönt. In seinen Bemühungen, die deutsche Literatur der italienischen gleichzustellen, brachte er die Werke der Nonne Roswitha von Gandersheim (um 932—1002) heraus. Sechs Komödien, wie die Bezeichnung damals lautete, über die Bewahrung der Keuschheit erschienen 1501 von Celtis herausgegeben in der Druckerei der Sodalitas Celtica in Nürnberg. Dürer selbst lieferte die Vorzeichnungen zu den zwei Widmungsblättern des Buches,

[22] Meister um Albrecht Dürer (Ausstellungs-Kat.), Nürnberg 1961, S. 131f. u. 60ff.

während die übrigen sechs großen Holzschnitte, die am Anfang einer Geschichte stehen, von Wolf Traut und Hans von Kulmbach geschaffen worden sind. Dieses Buch ist ein frühes klassisches Beispiel, sowohl in seiner klaren Antiqua als auch in den Randleisten der Holzschnitte, für das Eindringen des italienischen Renaissancestils in das deutsche Buch. Das andere Werk ›Speculum passionis domini Jhesu Christ‹ ist ein aus verschiedenen Texten zusammengestelltes Passionsspiel von Ulrich Pinder. 76 Holzschnitte, darunter 39 blattgroße, schmücken dieses frühe Erbauungsbuch. Ein Teil der Holzschnitte stammt von Hans Baldung Grien, 29 der großen Blätter schuf Hans Schäufelein. Es sind prächtige Blätter, die den Einfluß Dürers nicht leugnen, aber auch die Fähigkeit seiner Schüler beweisen. Das Werk wurde 1507 wahrscheinlich von Friedrich Peypus in der Druckerei Pinders gedruckt.

DAS 16. JAHRHUNDERT

Im 16. Jahrhundert liegt der Höhepunkt der Holzschnittillustration. Vor allem in der ersten Hälfte des Jahrhunderts haben sich große Künstler um das Buch bemüht. In vielen Städten bildeten sich um den Drucker, der meistens ein gebildeter Mann war, geistige Zentren, die sich aus Autoren, Korrektoren und Künstlern zusammensetzten. Johann Amerbach stammte aus Amorbach in Unterfranken, studierte in Paris, arbeitete in Rom, Venedig und Nürnberg, bevor er in Basel eine Druckerei eröffnete, die vorwiegend humanistisches Schrifttum herausbrachte. Sein Lehrer Johannes Heynlin von Stein, der die ersten Drucker nach Paris geholt hatte, siedelte nach Basel um und unterstützte Amerbach bei seinen Textausgaben. Johannes Reuchlin und Sebastian Brant standen ihm nahe. Es spricht für den hohen Grad seiner Gelehrsamkeit, daß seine Briefe, die überliefert sind, fast alle in lateinischer Sprache abgefaßt waren. Bei einem anderen Baseler Drukker, Johann Froben, entsteht das künstlerisch gestaltete ›Renaissancebuch‹, das der ganzen Epoche den Weg gewiesen hat. Titeleinfassungen, Initialen und Randleisten bilden mit schönen Antiquaschriften harmonisch gestaltete Buchseiten, die zeitlos sind. Hans Holbein und Urs Graf haben den Buchschmuck gestaltet. Der berühmteste Autor und Freund Frobens war Erasmus von Rotterdam. Ähnlich wie in Basel war es auch in anderen Städten.

Die Jahrhundertwende hatte das äußere Gewand des Buches geändert. Das kleinformatige Gebrauchsbuch, das von Aldus Manutius in Venedig zum ersten Male mit Klassiker-Texten herausgebracht wurde, tritt in den Vordergrund. Das Titelblatt wird die Regel, die Ausmalung der Holzschnitte verschwindet nahezu ganz. Die Holzschneider selbst haben dazu die Veranlassung gegeben, indem sie sich, beeinflußt von der Kunst Dürers, ganz auf die Schwarzweißmanier im Bild verlegten. Im Holzschnitt gab es nun alles, von riesigen Einblattholzschnitten, die wie Wandtapeten wirkten, bis hin zum kleinen Buchstabenbild. Abgesehen von einer Anzahl bekannter Künstler oder solcher, die sich mit einem Monogramm bezeichnen, bleibt der größte Teil der Holzschnittkünstler anonym. Die Wanderung eines Holzschnittes oder einer Titeleinfassung von einer Offizin zur anderen ist sehr häufig. Die Bedeutung der Handschrift tritt vollkommen zurück, sie behält ihren Wert als bibliophiles Repräsentationsstück. Es macht sich überhaupt ein bibliophiles Mäzenatentum bemerkbar, aufgrund dessen in besonderer Weise illustrierte und gedruckte Werke entstehen.

Die stärkste Illustrationsfreudigkeit ist wieder im deutschsprachigen Raum zu beobachten. Die anderen Länder verarbeiten diese Einflüsse gemäß ihren nationalen Eigenschaften. Das Fortschreiten der Reformation und ihr Durchbruch bringen das Massenschrifttum auf den Markt. Pamphlete, Rede und Gegenrede der einzelnen Parteien, Kampfschriften etc. werden veröffentlicht. Berühmte Beispiele sind Luthers ›Reden an die deutsche Nation‹ oder seine Schrift von der ›Freiheit eines Christenmenschen‹. In diesen Schriften wird der ästhetische Eindruck von Satz und Buchschmuck nicht beachtet. Sie sind meistens schlecht gedruckt, haben primitive Holzschnitte, und wenn eine gute Abbildung verwandt wurde, so ist sie oft schlecht wiedergegeben. Der Unterschied zwischen dem Gebrauchsbuch und dem mit Bedacht gestalteten, illustrierten Buch wird sehr deutlich.

In Augsburg entstehen die Bücher, die eine besondere Stellung in der Buchgeschichte einnehmen. Kaiser Maximilian I. ist als Kunstfreund bekannt, seine Zuneigung zum Buchdruck entspricht einer ausgesprochen bibliophilen Begabung. Der tragende Gedanke bei allen seinen Buchprojekten war die Absicht, das Haus Habsburg zu ehren und seine Bedeutung in den Vordergrund zu stellen. Das Buchprogramm wurde ganz systematisch vom Kaiser selbst angegangen. Er suchte sich einen Drucker, den er in Johann Schönsperger d. Ä. zu Augsburg fand. Dann ließ er sich vom Kaiserlichen Sekretär Marx Trautzsauerwein eine Schrift entwerfen, die den Handschriften bzw. den Schreibschriften der kaiserlichen Kanzlei nachgebildet war. Es ist eine schwierige Schrift, die der Fraktur sehr nahe kommt. Sie enthält im Theuerdank vielerlei Schnörkel, die gewiß bei Guß und Satz Schwierigkeiten bereiteten. Die Texte betreute Konrad Peutinger, ein angesehener Humanist und Stadtschreiber zu Augsburg. Alles wurde vom Kaiser selbst überprüft. So wählte er eine Reihe Künstler aus, die Zeichnungen lieferten, möglicherweise auch fertige Holzstöcke. Schönsperger hatte für dieses Unternehmen, das seine persönlichen Finanzkräfte sicherlich überstieg, den Formschneider Jost de Negker aus den Niederlanden nach Augsburg geholt. Seiner Kunstfertigkeit ist sicher viel an dem Gelingen dieses großen Unternehmens zu verdanken. Als erstes Werk kam 1513 das Gebetbuch Maximilians ohne Bilder im Druck heraus. Das kaiserliche Exemplar wurde zu einer Kostbarkeit, da er Randleisten von Albrecht Dürer, Hans Baldung Grien und Lukas Cranach hineinzeichnen ließ. Das ist wohl das Schönste, was es an Randleisten im Buchschmuck gibt, sie waren allerdings nicht für den Druck bestimmt. Das Exemplar ist heute geteilt und wird in Berlin und Besançon aufbewahrt.

Dürers Anteil an diesem Buchprojekt war gering. Er arbeitete zu jener Zeit an der Ehrenpforte und dem Krönungszug für Maximilian, außerdem porträtierte er den Kaiser anläßlich des Reichstags zu Augsburg in persönlicher Sitzung. Als nächstes Buch reihte sich der ›Theuerdank‹ an.[23] Inhaltlich ist es die Reise des jungen Maximilian zur Brautwerbung nach Burgund. Theuerdank ist der Ritter Maximilian, den der Leser bei seinen Abenteuern begleitet. Das große Holzschnittwerk – es sind 118 Holzschnitte – wurde von Hans Burgkmair d. Ä., Leonhard Beck und Hans Schäufelein geschaffen. Auf Burgkmair entfallen 13, auf Schäufelein 20, die restlichen Holzschnitte sind von Beck gezeichnet. Burgkmairs Bilder sind zweifelsohne die besten. Mit diesen Arbeiten ist er vermutlich in der Gunst des Kaisers gestiegen; denn für den unvollendet gebliebenen ›Weißkunig‹ hat er von 251 Holzschnitten 118 gezeichnet. In Holz wurden die Abbildungen zum ›Theuerdank‹ von Jost de Negker und Heinrich Kupferwurm geschnitten. Die erste Ausgabe des ›Theuerdank‹ erschien 1517 und eine zweite mit wenigen Abweichungen 1519. Nach dem Tode des Kaisers wurden die Bände als Vermächtnis an seine Freunde verschenkt.

[23] Kaiser Maximilians Theuerdank. Faksimile und Kommentar. Mit Beiträgen von Heinz Engels, Elisabeth Geck, H. Th. Musper. Plochingen u. Stuttgart 1968.

Die uns schon bei Ratdolt begegnete Manier des Helldunkelholzschnittes (weiße Linien auf dunklem Untergrund), wird in Augsburg weitergeführt. Daniel Hopfer leistete hier in seinen Titelblättern und ganzseitigen Abbildungen Hervorragendes. Er ist es auch, der sich bereits mit der Radierung befaßte. Als Waffenätzer war ihm das Ätzen des Eisens vertraut. Diese Technik übertrug er auf den Buchschmuck. Schöne Metallarbeiten aus seiner Hand, die sich erhalten haben, zeigen uns, wie vielseitig dieser Künstler war.

Ein anderer Holzschnittkünstler, dessen Werk überregionale Bedeutung erlangt hat, ist der Petrarcameister.[24] Persönlich weiß man nichts von ihm. Die einen haben ihn mit dem späteren Holzschnittkünstler Hans Weiditz zu Straßburg identifiziert, wofür vieles spricht, andere mit Hans Burgkmair und seinem Schüler Hans Brosamer. Schließlich aber mußte es bei der anonymen Bezeichnung nach seinem eindrucksvollsten Holzschnittwerk bleiben, das 1532 für Petrarcas ›Von der Arznei beiderlei Glücks‹ in der Druckerei von Heinrich Steiner zu Augsburg zum ersten Mal erschien. Die Holzschnitte zeigen in einer bisher seltenen Intensität das Leben des Volkes; sie prangern ohne Worte Gewalt und Unterdrückung an. Dieses Buch wurde, seine wiederholten Auflagen beweisen es, gern gelesen.

Die Städte, die sich im 15. Jahrhundert in Deutschland, Frankreich und den Niederlanden durch illustrierte Bücher hervorgetan haben, halten diese Tradition auch im 16. Jahrhundert aufrecht. Neben dem bekannten Künstler, dessen Eigenart sich im Bild bemerkbar macht, steht die Werkstattarbeit. Das Schematische der Darstellung verschwindet langsam aus den Bildern. Die Abbildungen werden mehr und mehr für ein bestimmtes Buch in Auftrag gegeben, doch bleiben auch hier die Namen der Künstler in den meisten Fällen unbekannt oder sind nur äußerst schwer zu bestimmen. Als Beispiel mag die Mainzer Buchillustration dieser Zeit gelten, obwohl die Stadt der Erfindung des Buchdrucks für die Illustration keine große Rolle gespielt hat.

[24] Walter Scheidig: Die Holzschnitte des Petrarca-Meisters. Zu Petrarcas Werk ›Von der Artzney bayder Glück des guten und widerwärtigen‹, Augsburg 1532. Berlin: Henschelverlag 1955.

Johann Schöffer ist seinem Vater Peter Schöffer d. Ä. in der Druckerei gefolgt. Seine Produktion ist groß und die Gestaltung seiner Bücher vorzüglich. Ivo Wittich, Historiker an der Mainzer Universität, gibt 1505 bei Johann Schöffer eine Ausgabe der ›Römischen Geschichte‹ von Titus Livius heraus. Zu diesem Werk läßt Schöffer zahlreiche Holzschnitte anfertigen. Vermutlich sind es 2 oder 3 Künstler, die die Vorzeichnungen gemacht haben. Den einen sucht man auf den Außenseiten des Partenheimer Altars im Mittelrheinischen Landesmuseum zu Mainz wiederzuerkennen, den zweiten als Meister der Sebastianslegende in den Bildern im dortigen Dom-Museum.[25] Beide Meister könnten am Mittelrhein, vielleicht sogar in Mainz gearbeitet haben. Die Schöfferschen Livius-Holzschnitte wurden 1507 in Straßburg kopiert, ein Teil dieser Kopien wurde von Schöffer 1523 in seiner neuen Livius-Ausgabe wieder verwandt. Ein neuer Illustrator hat für diese Ausgabe gearbeitet; man vermutet, daß es sich um den Frankfurter Maler Konrad Faber von Kreuznach handelt. Ein anderer Maler aus Frankfurt, Martin Caldenbach, hat nachweislich für Schöffer einen Wappenholzschnitt (›Reformation der Stadt Frankfurt‹ 1509) und sicherlich auch den Wormser Stadtwappen-Holzschnitt (›Der Stadt Worms warhaftig Bericht‹ betr. Franz von Sickingen 1515) geschaffen. Die schwarzgrundigen Initialen zur lateinischen Livius-Ausgabe von 1518 und mehrere Randleisten weisen zu dem in Basel ansässigen Maler Gabriel Zehender hin. Der nächstliegende Gedanke, daß die Illustratoren in Mainz zu suchen seien, ist nicht zutreffend, da sie hier nicht faßbar sind. Es gibt namentlich bekannte Maler in Mainz, aber nirgends findet sich ein Hinweis, daß sie für Schöffer gearbeitet haben.[26] Anders ist die Situation in den Städten Basel, Straßburg, Köln und dem durch Luther aufstrebenden Wittenberg. Hier treten vor allem bekannte Künstler in den Vordergrund, obwohl auch eine große Anzahl Namenloser für die Druckereien tätig war.

[25] Else Thormählen: Die Holzschnitte der Mainzer Livius-Illustrationen. In: Gutenberg-Jahrbuch 1934, S. 137—154.

[26] Elisabeth Geck: Zur Illustration der Druckwerke Johann Schöffers. In: Mainzer Almanach. Mainz 1964, S. 145—152.

In Basel gewinnt die Illustration der Brüder Ambrosius und Hans Holbein d.J. an Bedeutung. Die Familie kam aus Augsburg, wo der Vater Hans d.Ä. ein angesehener Maler war. Die Holbeins haben neben thematisch begrenzten Illustrationen vor allem Titeleinfassungen gezeichnet, aus denen der Geist der Zeit spricht. Es sind vielfach Themen und Gestalten, die der Antike entnommen sind wie die Tantalusgeschichten, der Tod der Lukretia und Kleopatra, Cäsar und Hector oder Aristoteles und Phyllis. Basel bleibt im Gegensatz zu Augsburg und Nürnberg, wo sich eine deutliche Hinneigung zur altdeutschen Geschichte bemerkbar macht, gefördert durch Kaiser Maximilian, ausgeführt in Dürers oder Burgkmairs Kostümstudien, den Ritterbildern etc., Italien verbunden.[27] Hier werden die beiden Richtungen der Renaissance im deutschsprachigen Raum sichtbar, die in der Kunst hervortreten und auch am Buch nicht vorbeigehen. Die Titeleinfassungen, die das Renaissancebuch im Gegensatz zum 15. Jahrhundert wesentlich prägen, treten stark hervor. Sie sind oft aus einem Stück geschnitten wie die bekannte ›Kleopatra‹-Einfassung Holbeins und viele andere oder setzen sich aus mehreren Leisten zusammen, die sich bei verschiedenen Drucken variieren lassen. Eine weitere Erscheinung sind die schönen Initialen, die die Bücher schmücken, von denen das ›Kinder-Alphabet‹ Holbeins die berühmteste Folge ist. Nach 1517 hören die Nachrichten über Ambrosius Holbein auf, so daß man seinen frühen Tod in dieser Zeit ansetzen muß. Seine graphischen Arbeiten unterscheiden sich von denen seines Bruders durch ihre feine Schraffierung und den ausgeprägt zeichnerischen Charakter.[28] Hans Holbein d.J. zeichnete überlegen, perfekt und korrekt, sowohl in der Graphik als auch in der Malerei. Er arbeitete den größten Teil seiner Schaffenszeit für den englischen Hof, obwohl er immer Basler Bürger blieb, und seine Familie auch dort wohnte. Neben den aus der Antike schöpfenden Titeleinfassungen gibt es eine Reihe allegorischer Darstellungen mit Putten, Tieren und Laubgewinden. Die

[27] Friedrich Luchsinger: Der Basler Buchdruck als Vermittler italienischen Geistes 1470—1529. Basel 1953 (= Basler Beiträge z. Geisteswissenschaft 45).

[28] Die Malerfamilie Holbein in Basel. Katalog der Ausstellung im Kunstmuseum Basel zur Fünfhundertjahrfeier der Universität Basel. Basel 1960.

Arbeiten Holbeins werden nachgeschnitten, und wir können den Weg einiger Titeleinfassungen durch mehrere Druckereien verfolgen, wie z.B. den der ›Kleopatra‹-Einfassung. Kleopatras tragisches Schicksal faszinierte immer wieder. Ihr Tod, den sie selbst herbeiführte, indem sie sich nach der Eroberung Ägyptens durch Oktavian von einer Schlange beißen ließ, ist auf dieser Bordüre dargestellt, die in Augsburg, Köln und Mainz nachgeschnitten wurde.

Holbeins darstellende Kunst zeigt sich aber auch in den Bildern zum Alten und Neuen Testament oder den ›Hortulus-animae‹-Ausgaben. Neben den Holbeins begegnet uns in mancher Illustration das Monogramm von Urs Graf, einem begabten Zeichner, der wegen seines ungebärdigen Lebenswandels immer wieder vor Gericht erscheinen mußte, so daß über sein persönliches Leben mehr bekannt ist als über das vieler anderer Künstler.

Die Tendenz nach der besonders hervorgehobenen Titelseite setzt sich in allen Druckereien durch, wie wir das für Basel bereits herausgestellt haben. Der bekannteste Künstler dieser Jahre in Straßburg ist Hans Baldung Grien.[29] Er entstammte einer Straßburger Bürgerfamilie, verbrachte die ersten Lehrjahre in seiner Vaterstadt und ging als Geselle nach Nürnberg zu Dürer. Sein Verhältnis zu seinem Lehrherrn blieb zeitlebens ungetrübt. Dürer nahm auf seiner Reise in die Niederlande neben seinen eigenen Arbeiten auch Blätter Baldungs mit, was als Beweis für die Wertschätzung des Schülers gelten kann. In Baldungs Nachlaß fand sich eine Locke des toten Dürer, ein weiterer Beweis für das nie gestörte Verhältnis beider. Dennoch hinderte die enge Freundschaft Baldung nicht daran, seinen eigenen Weg zu gehen. Neben seinen Altarschöpfungen, vor allem der des Freiburger Münsters, den vielen Porträts und Gemälden hat er beständig für das Buchgewerbe gezeichnet. Auch hier sind es Titeleinfassungen, Initialen und thematisch gebundene Holzschnitte, die seine Werkstatt in großer Fülle verlassen. Im übrigen war Baldung dem Kupferstich und der Radierung zugetan. Seine Clair-obscur-Schnitte, mit zwei

[29] Maria Consuelo Oldenbourg: Die Buchholzschnitte des Hans Baldung Grien. Ein bibliographisches Verzeichnis ihrer Verwendungen. Baden-Baden u. Straßburg 1962 (= Studien z. deutschen Kunstgeschichte 335).

verschiedenen Tonplatten hergestellte Holzschnitte, wurden berühmt.

Eine besondere Gattung von Büchern, die medizinischen, müssen wir aus dieser Zeit für Straßburg erwähnen. Der Arzt Hieronymus Brunschwig brachte das erste gedruckte Handbuch der Chirurgie mit Abbildungen in der Druckerei Grüningers heraus. Ferner erschien Hans von Gersdorffs Feldbuch der Wundarznei ab 1517 in mehreren Auflagen bei Johann Schott in Straßburg. Die Abbildungen zu diesen Werken werden verschiedenen Künstlern zugesprochen. Otto Brunfels und Hieronymus Bocks schöne Kräuterbücher entstehen und setzen Zeichen in der Geschichte der naturwissenschaftlichen Illustration.

Die Sinnenfreude, der unbekümmerte Genuß des Lebens, ist ein Zeichen dieser Zeit, das in der Bildersprache der Graphik sichtbar wird. Das schöne junge Weib, das der Tod umarmt, ist die Kehrseite dieses Daseins, das von Pest, Seuchen und Krieg heimgesucht wurde. Das Jahr 1529 brachte Basel und auch Straßburg den Bildersturm der Reformierten. Die Künstler standen fassungslos vor dieser Zerstörungswut. Manches wurde damals vernichtet, aber auch gerettet. Bundschuh, Bauernkriege und Reformation hatten Veränderungen gebracht. Vieles dieser bewegten Jahre ist in der Graphik eingefangen. Das große Werk der Einblattholzschnitte (bis 1550) von Max Geisberg und in der Erweiterung (bis 1600) von Walter L. Strauss, vermittelt einen erregenden Eindruck. Aberglaube, Wunderheilung, unwahrscheinliche Himmelserscheinungen und neueste Nachrichten werden laufend durch Flugblätter verbreitet. Zu einer bedeutenden Einrichtung haben sich die Büchermessen in Frankfurt am Main entwickelt. Alle größeren Druckereien Deutschlands, Frankreichs, der Niederlande, der Schweiz, Italiens etc. unterhalten hier Lager oder lassen sich von Geschäftsgenossen vertreten. Alles, was das Buch betrifft, wird gehandelt. Hierzu gehören auch Holzstöcke, Titeleinfassungen, Initialen etc. Die Bücher wurden gewöhnlich ohne Einband, in losen Bogen, verkauft, da es üblich war, die Bücher individuell vom Buchbinder binden zu lassen. Es wurden auch zu einem geringeren Teil gebundene Bücher vertrieben. Der Transport der Bücher erfolgte in Holzfässern.

Die geistige Unruhe, die die Reformation mit sich bringt, macht sich in den Druckereien stark bemerkbar; denn hier werden die reformatorischen Schriften hergestellt, die zur Verbreitung der neuen Lehre beitragen. Mancher Drucker wird von den Regierenden bestraft, andere lassen die Abhandlungen anonym erscheinen. In Köln entwikkelt sich ein Streit zwischen Johannes Reuchlin und den orthodoxen Theologen, der weite Kreise zieht, und Ulrich von Hutten zu der Herausgabe seiner Dunkelmännerbriefe mit dem Originaltitel ›Epistolae virorum obscurorum‹ veranlaßt. Zwar ist es ein akademischer Streit, der ausgetragen wird, aber er läßt die allgemeine Unzufriedenheit mit der kirchlichen Hierarchie erkennen.

In Köln halten sich im Gegensatz zu den süddeutschen und oberrheinischen Städten die reformatorischen Wirren in Grenzen. Beweis dafür ist das vorwiegend humanistische und theologische Schrifttum. Der Buchillustrator dieser Zeit ist in erster Linie Anton Woensam von Worms.[30] Er hat eine Fülle von Einzelholzschnitten, Titeleinfassungen, Druckermarken etc. gezeichnet. Eines seiner bekanntesten Werke ist die Illustration der Bibel in einer Übersetzung von Johann Dietenberger, die 1534 bei Peter Jordan in Mainz erschienen war. Jordan war in Mainz und später in Köln tätig.

Wenn wir von Köln aus einen Blick nach Frankreich werfen, so bleibt als Besonderheit hervorzuheben, daß sich die alte Tradition der handschriftlichen Stundenbücher auch auf den Buchdruck übertragen hat. Unter den zahlreichen Druckern ist neben Antoine Vérard, Philippe Pigouchet und Tilman Kerver Geoffrey Tory hervorzuheben. Tory war Gelehrter, Drucker, Verleger und Holzschneider zugleich. Er verbrachte einige Zeit in Italien und erhielt hier seine künstlerische Prägung. Seine Stundenbücher zeigen feine Randleisten, in denen nur die Linie hervorgehoben wird. Der ganze Untergrund hingegen ist weggeschnitten, so daß ein lichtes Rankenwerk von hoher Qualität entsteht. Seine Gedanken über Schrift und Buchschmuck, namentlich die Antiqua, hat er in dem Buch ›Champ fleury‹, das 1529 in Paris erschien, niedergelegt. Frankreichs Druck-

[30] Johann Jakob Merlo: Anton Woensam von Worms, Maler und Xylograph zu Köln. Sein Leben und seine Werke. Nebst Nachtrag. Leipzig 1864—1884.

geschichte des 16. Jahrhunderts ist vor allem mit dem Namen Estienne oder Stephanus verbunden. Diese Druckerfamilie widmete sich dem gelehrten Schrifttum der lateinischen und griechischen Sprache. Große Wörterbücher, ›Thesaurus linguae latinae‹ und ›Thesaurus linguae Graecae‹, haben bis heute ihre Wertschätzung behalten. Es wurde scherzhaft berichtet, daß selbst die Dienstboten im Hause Stephanus lateinisch gesprochen hätten.

Eine bedeutende Rolle im Buchdruck der Reformationszeit spielte Wittenberg. Das Wirken Luthers und Melanchthons trug hierzu natürlich wesentlich bei. Kurfürst Friedrich der Weise holte sich seinen Hofmaler aus Wien. Lucas Cranach d. Ä., in Kronach/Oberfranken geboren, hatte in der Kaiserstadt Fuß gefaßt. Sein Werdegang ist unbekannt geblieben. Eine gewisse Hinneigung zu Albrecht Altdorfer ist ihm eigen. Er zeichnete für den Holzschnitt mit solcher Lebendigkeit, daß man ihn als Dürer ebenbürtig bezeichnen kann.[31] In Wittenberg malte er Porträts, Jagdszenen, Turniere etc., wie es einem Hofmaler zukam. In den zwanziger Jahren des 16. Jahrhunderts blühte seine Holzschnittwerkstatt so stark auf, daß in Wittenberg fast kein Buch ohne seine Illustrationen erschien. Seine Arbeiten tragen als Monogramm die Buchstaben LC und eine kleine geflügelte Schlange mit einer Krone. Mit Luther verband Cranach eine echte Freundschaft. Luthers Septembertestament wurde von Christian Döring und Lucas Cranach d. Ä. 1522 herausgegeben. Es enthält allerdings nur Holzschnitte der Werkstatt Cranachs, die Dürers ›Apokalypse‹ nachgeschnitten sind mit der Absicht, den Freund Luther zu schützen. Cranachs Holzschnittillustrationen durchstreifen alle Lebensgebiete. Vieles davon ist von seiner Werkstatt gemacht. in seinen Titeleinfassungen begegnen uns häufig Tiere, vor allem aber theologische Themen. Das Bild der ehernen Schlange hat er so oft verwandt, daß es fast für Wittenberg typisch geworden ist. Cranachs gleichnamiger Sohn übernahm die Werkstatt, deren Einfluß im ganzen mittel- und ostdeutschen Bereich spürbar ist.

[31] Lucas Cranach d. Ä. Das gesamte graphische Werk. Mit Exempeln aus dem graphischen Werk Lucas Cranach d. J. und der Cranachwerkstatt. Einleitung Johannes Jahn. 2. Aufl. München 1972.

Ein Rückblick auf das, was wir über die Buchillustration des 16. Jahrhunderts gesagt haben, macht deutlich, daß die großen Künstler mit ihren Werkstätten das Buch verändert haben. In die Thematik der Illustrationen ist der Zeitgeist eingezogen. Auf der einen Seite ist es die Wiederbelebung der griechischen und römischen Literatur, auf der anderen die Reformation mit ihren theologischen Auseinandersetzungen, die sich im Buchholzschnitt niederschlagen. Dazwischen liegt — so könnte man es vereinfacht ausdrücken — die unbändige Lebensfreude des Renaissancemenschen, die sich in mancher Bacchus-Szene widerspiegelt. Die Technik des Holzschnittes hat eine einmalige Höhe erreicht. Eine Wende, die einer Verflachung, auch einem gewissen Manierismus gleichkam, ist um die Mitte des Jahrhunderts nicht mehr zu übersehen. Doch gibt es auch hier immer noch Ausnahmen wie zum Beispiel Tobias Stimmer, der in Straßburg Überdurchschnittliches leistet. Bekannt sind seine Bibelillustrationen. Überhaupt ist die Bibel nach 1530 ein beliebtes Illustrationsobjekt.

In diese Übergangszeit gehören vor allem die Nürnberger Kleinmeister Georg Pencz, Peter Flötner, Sebald und Barthel Beham, die auch wie Sebald Beham in Frankfurt a.M. in anderen Städten tätig gewesen sind. Mit Virgil Solis (1514—1562) und Jost Amman (1539—1591), beide in Nürnberg ansässig, kommen wir dann zu jenen Künstlern, die sich schon dem Kupferstich zuwandten. Das Kartouchen- und Rollenwerk sowie die Bilder ihrer Bibelausgabe von 1564, die im Verlag von Sigmund Feyerabend zu Frankfurt a.M. erschien, sind in Holz geschnitten. Amman, ein gebürtiger Schweizer, übernahm nach Solis Tod dessen Werkstatt. Das Vordringen des Kupferstichs in der Buchillustration vollzieht sich langsam. Es sind zunächst vereinzelte Bilder und Bücher. Neben Nürnberg treten vor allem die niederländischen Drucker hervor, die bereits am Ende des 16. Jahrhunderts zum Kupferstich übergehen.

Hier ist es wieder ein großer Künstler, Peter Paul Rubens, der mit seiner Werkstatt großen Einfluß ausübt.[32] Eine der größten Drucke-

[32] Annegret Glang-Süberkrüb: Peter Paul Rubens' Buchtitelentwürfe für die Officina Plantiniana (1613—1640). In: Buchhandelsgeschichte (Beilage zum Börsenblatt. Frankfurter Ausg.) 1977, 11, S. B510—B565.

reien dieser Zeit ist die Offizin Plantin in Antwerpen. Für Plantin und seinen Schwiegersohn und Nachfolger Jan Moretus arbeiteten die sogenannten Rubens-Stecher, darunter Lucas Vorsterman d. Ä. und Cornelis Galle d. Ä. Das Besondere dieser Illustration sind Titelblätter und Frontispiz oder Eingangsbild, das sich gewöhnlich auf den Inhalt des Buches bezieht. Das Frontispiz geht auf den Eingangsholzschnitt der Inkunabelzeit zurück. Es wird bei den Kupferstich-Büchern fast zur Regel. Die Architekturbilder der Titelblätter sind meistens mit Giebeln, Säulen und Figuren geschmückt. Diese Architekturen bilden eine Erscheinungsform der Renaissance und finden sich schon bei Froben in Basel als Holzschnitt. Der Kupferstich vermag den bildhaften Charakter der Darstellung durch seine vielfältigen Strichlagen stärker herauszuarbeiten, aber trotzdem wirken diese Blätter oft etwas starr und überladen. In Plantins Druckerei entstand 1626 eines der ersten Handschriftenfaksimiles im Kupferstich. Dieser sogenannte Reproduktionsstich war in der freien Graphik, auch als Nachbildung von Gemälden schon bei Rubens, ein florierendes Geschäft. Die Handschriften-Nachbildungen im Kupferstich sind verhältnismäßig selten. Man beschränkte sich meistens auf die Wiedergabe einzelner Blätter. 1583 entstand in der Druckerei Sartorius in Ingolstadt ein Teilfaksimile des Gebetbuches Karls des Kahlen. So beginnt das 16. Jahrhundert in der Buchillustration mit dem hochqualifizierten Holzschnitt und endet mit dem aufstrebenden Kupferstich.

DAS 17. JAHRHUNDERT

Der Kupferstich ist nicht wesentlich jünger als der Holzschnitt. Seine Erfindung wird um 1420 angesetzt. Der Meister der Spielkarten, der am Oberrhein tätig war, und Israel von Meckenem, dessen Arbeiten dem niederrheinischen Raum verbunden sind, haben schon vor Martin Schongauer dieser Kunst gehuldigt. Vor diesen Künstlern, die namentlich überliefert sind, gab es andere, die die Technik ebenfalls beherrschten. Jedem Goldschmied ist das Verfahren vertraut, so daß es nicht verwunderlich ist, wenn viele Kupferstecher aus diesem Gewerbe kamen. Auch der Waffenätzer verstand es, künstlerisch gestaltete Arbeiten hervorzubringen. Man hat oft darauf hingewiesen, daß der Kupferstich ein aristokratisches Flair hat, während der Holzschnitt primitiveren Ansprüchen genügte. Es ist nicht von der Hand zu weisen, daß das Material zum Kupferstich kostspieliger ist als das zum Holzschnitt. Hier liegt wohl der Grund dafür, daß Massenproduktionen früherer Jahrhunderte immer im Holzschnitt erschienen und auch der Buchdruck dieses Material bei seinen Illustrationen bevorzugte. Erst die allgemeine anspruchsvollere Lebensweise verhilft dem Kupferstich seit der 2. Hälfte des 16. Jahrhunderts zur Verbreitung.

Die Technik des Kupferstichs ist ein Tiefdruckverfahren im Gegensatz zum Hochdruckverfahren des Holzschnittes. Der Kupferstecher benötigt eine glatte Kupferplatte, die keinerlei Höhen oder Vertiefungen haben darf. Die Platte wird leicht mit Kreide oder Ruß beschichtet. Der Zeichner trägt die Zeichnung spiegelverkehrt auf. Dann setzt die Arbeit des Stechers ein, der mit einem Grabstichel die Linien nachgräbt, wobei das Kupfer in kleinen Spänen herausgeschoben wird. Es hängt von der Geschicklichkeit und dem künstlerischen Einfühlungsvermögen des Stechers ab, wie stark und breit er seine Linien, aus denen sich das Bild zusammensetzt, herausholt. Nachdem die Zeichnung eingegraben ist, wird die Platte unter Zuhilfenahme eines kleinen Druckerballens mit Druckerschwärze eingefärbt. Daraufhin wird die Druckfarbe wieder mit Tüchern, zum Schluß mit dem Handballen abgewischt. Die Farbe ist jetzt nur noch in den Vertiefungen der Linien vorhanden. Das Papier wird über die Platte gelegt und mit weichen Tüchern abgedeckt, damit sich die Härte des Andrucks mildert; denn die schwere Kupferdruckpresse übt einen hohen Druck aus. Vor dem Einfärben der Platte wird diese öfters erwärmt, damit sich die Farbe besser verteilt. Bleibt die Platte kalt, färbt man sie gewöhnlich mit Leinentüchern ein. Die Haltbarkeit der Kupferplatte ist sehr wesentlich; denn davon hängt die Anzahl der Abzüge ab. Im Durchschnitt konnten 300—500 Abzüge gemacht werden. Die Technik des Kupferstichs hat sich kaum verändert. In heutiger Zeit versucht man oft die Haltbarkeit der Platte durch eine leichte Verstählung zu verlängern. Das bedeutet, daß sich durch ein galvanisches Bad ein leichter Überzug aus Stahl um die Platte legt. Die Feinheit des Abzuges geht hierdurch manchmal verloren, weshalb der Kupferdrucker vorher meistens einige Abzüge nach alter Manier macht. Der Vorgang des Einfärbens muß bei jedem Abzug neu vorgenommen werden.

Neben dem Kupferstich steht die Radierung. Sie wird allein oder als Mischtechnik mit dem Stich auch schon im 16. Jahrhundert angewandt. Das Eingraben der Linien mit dem Stichel ist schwer und ermüdend. So wird die Platte mit einem Ätzgrund überzogen, der aus Wachs, Harz und Asphalt besteht. Die Waffenätzer des Mittelalters haben dieses Verfahren zum Schmuck der Waffen benutzt, so daß es keine besondere Mühe machte, es auch auf die Kupferplatte zu übertragen. Der Ätzgrund läßt sich schwer auf die Platte bringen, da das Material zäh ist. Deshalb erwärmt man die Platte und trägt eine Fettschicht auf.

Jetzt kann der Stecher die Zeichnung in die Beschichtung einritzen. Danach wird sie dann in eine Ätzflüssigkeit (Scheidewasser) gelegt, die sich in das Kupfer einfrißt. Überall dort, wo die Radiernadel die Beschichtung weggeritzt hat, so daß das blanke Kupfer sichtbar wird, kann die Säure je nach Dauer der Einwirkung weniger oder stärker eindringen. Die Teile, die mit dem Ätzgrund bedeckt sind, bleiben unverändert. Im Unterschied zum Kupferstich werden die

Linien durch die Säure nicht so exakt ausgefressen wie bei dem grabenden Stichel, so daß sich im Abdruck ein weicherer Ton ergibt. Die Verfeinerung der Radierung ergibt sich dann durch das Teilätzen, indem ganze Partien abgedeckt und stufenweise geätzt werden, wodurch dem Bild ein malerisches Moment verliehen wird. Ein Meister der Radierung im 17. Jahrhundert war Rembrandt, mit seinem vollen Namen Rembrandt Harmensz van Rijn; seine Kunst ist kaum wieder erreicht worden. Die Weiterbehandlung der radierten Platte, das Einfärben etc., geschah wie beim Kupferstich. Auch bei der Radierung muß nach jedem Druck neu eingefärbt werden. Eine weitere Technik, die sich in der Buchillustration findet, ist die Schabkunst. Hier wird die Kupferplatte mit einer Art Wiegemesser in Kreuzmanier aufgerauht, damit beim Abdruck nur eine dunkle Fläche sichtbar ist. Diese dunkle Fläche wird nun mit einem Schabemesser in Gestalt der Zeichnung — es handelt sich meistens um Porträts — ausgeschabt, so daß helle Partien entstehen, die das Bild aus dem dunklen Untergrund hervortreten lassen. In England liebte man diese Technik sehr. Sie hat aber in der Buchillustration keine große Verbreitung gefunden. Das erste Porträt in Schabkunstmanier entstand 1642 und zeigt die Landgräfin Amalia Elisabeth von Hessen. Es ist verständlich, daß die Künstler die Grundtechniken des Kupferstichs und der Radierung immer wieder abzuwandeln suchten, um neue Effekte in der Bildwiedergabe zu erreichen. Einmal mischten sie die beiden Techniken, dann suchten sie die außerhalb der Zeichnung liegenden Flächen zu behandeln wie bei der Schabkunst. Diese Methode führte durch die Zerlegung der Fläche in Punkte mit Sticheln, Rädchen etc. zum Punktstich und der Punktmanier, bei der die Säure zur Vertiefung zu Hilfe genommen wurde. Andere Künstler nahmen die Radiernadel und zeichneten direkt auf die Kupferplatte. Die dünnen Linien nahmen die Druckerschwärze auf und gaben sie in einem feinen und zarten Ton beim Abdruck wieder ab. Man nannte das die Kaltnadelradierung, die schon vom Hausbuchmeister im 15. Jahrhundert und auch von Dürer benutzt worden war. Die Beschichtung der Platte mit einem körnigen Staub vor der Übertragung der Zeichnung erbrachte dann das Aquatinta-Verfahren. Alle diese Verfahren führten zu einer malerischen Wirkung des Bildes in den verschiedensten Tonabstufungen. Es ist oft schwierig, ein graphisches Blatt, vor allem in der freien Graphik, zu bestimmen, da die verschiedenen Verfahren als sogenannte Mischtechnik auf einer Platte Verwendung finden. In Frankreich liebte man im 18. Jahrhundert die Crayonmanier. Hierbei wurden die bröckeligen Ränder, die der Stichel bei der Bearbeitung hervorhob, stehengelassen. Nach der Einfärbung und dem Abdruck der Platte waren die Ränder der Zeichnung weich und sahen aus, als wären sie mit dem Stift gezeichnet. Man färbte die Platten bunt ein und erhielt so Bilder, die auf den ersten Blick aussahen wie Zeichnungen. Als Buchillustration erscheinen solche Arbeiten in geringem Umfang. Mit dem Eindringen des Kupferstichs in das Buch vermehren und komplizieren sich die Techniken.

Das 17. Jahrhundert ist vom 30jährigen Krieg überschattet, der 1618 begann und 1648 mit dem Frieden von Münster und Osnabrück endete. Kunst und Kultur erfahren einen Stillstand. Mitteleuropa wird zum Kriegsschauplatz. Soldatenhorden ziehen plündernd und brandschatzend durch die Lande. Und doch gibt es niemals einen totalen Stillstand für den menschlichen Geist. Auch jetzt bleiben Städte und Orte verschont, in denen Kunst und Wissenschaft ihren Weg gehen.

So sind in jenen Jahren die großen Abbildungswerke des Matthäus Merian entstanden. Kartographen schufen große Atlanten. Die Entdeckung Amerikas hatte das Weltbild verändert. Das Interesse für fremde Länder und Völker war geweckt. Die Abbildung von Landkarten und Stadtansichten gehört für das 17. Jahrhundert zum illustrierten Buch. Heute ist die Kartographie ein Spezialgebiet, das mit der Buchillustration nichts mehr zu tun hat. Der Drucker Lienhart Holle in Ulm hatte 1482 einen Atlas mit in Holz geschnittenen Karten herausgegeben. In Breydenbachs ›Reise ins Heilige Land‹ aus dem Jahre 1483 gab es bereits Ansichten der Städte Venedig, Korfu, Modon, Rhodos usw. und u. a. eine Karte des Heiligen Landes. Die Schedelsche Weltchronik zeigte eine große Anzahl von Stadtansichten. Aus den historischen Chroniken des 16. Jahrhunderts sind ebenfalls Ansichten überliefert. Sie alle wie auch die Karten wurden in Holz geschnitten. Die Verbreitung des Kupferstichs machte jedoch auch vor den Kartendruckern nicht halt. Das Kupferstichverfahren erlaubte größere Feinheiten. Die Platten ließen sich leichter ändern, wenn Korrekturen vorgenommen werden mußten. Außerdem hatten sie eine längere Haltbarkeit als der Holzstock. Alle diese Vorteile erkannte schon Gerhard Mercator, ein gebürtiger Niederländer in Duisburg, der 1538 seine erste Weltkarte gestochen hatte. Vor ihm benutzten seit dem 15. Jahrhundert die italienischen Kartographen den Kupferstich. Mercators Atlas erschien 1595 kurz nach seinem Tode. Ein anderer Niederländer, Abraham Ortelius, brachte bereits 1570 eine Kartensammlung ›Theatrum orbis terrarum‹ in Antwerpen heraus. Die Niederländer waren im Landkartendruck hervorragend. In Sammlerkreisen ist der ›Atlas Novus‹ von Willem Janszoon Blaeu aus Amsterdam besonders geschätzt. Die Atlanten wurden oft koloriert. Im Vordergrund der Karten waren Landschaftsdarstellungen oder Menschen in zeitgenössischen Trachten zu sehen, auch Kartuschen mit vorzüglich gestalteten Wappen erfreuen das Auge. Es sind gerade diese Zugaben zu den Karten, die sie von der Illustration her interessant machen.

An die Seite der Atlanten stellen sich die Stadtansichten in vielen Variationen; sie sind entweder an der Wirklichkeit oder an einer Vorlage orientiert.[33] Der Theologe Georg Braun und der Niederländer Franz Hogenberg schufen in Köln das berühmte Ansichtenwerk ›Civitates orbis terrarum‹, das bis heute seine Liebhaber hat. Braun war mit Ortelius befreundet und hatte wohl von ihm die Anregung zu dem großen Werk übernommen. Er zeichnete nicht selbst, sondern erhielt von vielen Zeichnern und Freunden Unterstützung. Viele Ansichten entstanden nach Vorlagen, andere wurden nach der Natur gezeichnet. Unter den vielen Mitarbeitern ragen der Kartograph, Mathematiker und Arzt Jakob Deventer und der Zeichner Georg Hoefnagel hervor. Hoefnagel kam viel in der Welt herum, so daß seine meist nach der Natur gezeichneten Ansichten die besten sind. Braun verfaßte zu den einzelnen Bildern kurze Beschreibungen, die auf die Rückseiten der Ansichten gedruckt wurden. Die Zusammenfassung der Blätter in Buchform war etwas Neues und bedeutete ein verlegerisches Wagnis. Das Ganze war ein echtes Subskriptionsunternehmen.

[33] Alte europäische Städtebilder. Eingeleitet von Ruthardt Oehme. Hamburg, Gütersloh [um 1970].

Braun forderte auch seine Bezieher auf, neue Ansichten zu schicken oder bei der Erstbestellung behilflich zu sein. Franz Hogenberg war aus den Niederlanden nach Köln übergesiedelt und unterhielt hier eine angesehene Kupferstichwerkstatt. Neben den Stadtansichten erschien bei ihm die Sammlung ›Hogenbergs Geschichtsblätter‹. Bisher wurden Stadtansichten, Ereignisse von Kriegsschauplätzen etc. immer noch in Einblattdrucken herausgegeben. Das hat sich nun geändert. Es sind prächtige Kupferstichsammlungen, die auf diese Weise entstanden, und deren illustrativer Charakter den Betrachter in seinen Bann zieht. Das Werk Hogenbergs setzte sein Sohn fort.

Theodor de Bry, ein calvinistischer Glaubensflüchtling aus Lüttich, ließ sich um 1570 in Straßburg nieder. Nach einigen Jahren wanderte er nach Frankfurt a.M. weiter, um dort seßhaft zu werden. Im Jahre 1591 wurde er Frankfurter Bürger; das bedeutet, daß er schon einige Jahre vorher in der Stadt gelebt haben muß. Mit ihm zusammen arbeiteten seine beiden Söhne Johann Theodor (in den Akten auch als J. Dietrich) und Johann Israel, die sich kurz vor oder nach des Vaters Tod 1598 selbständig machten. Die de Brys waren ausgezeichnete Kupferstecher, wobei Vater de Bry zugleich auch als Goldschmied bezeichnet wird. In den ersten Jahren ließen sie ihre Werke bei Frankfurter Druckern herstellen, später haben sie wohl selbst eine Kupferdruckpresse besessen. Die Produktion der de Brys ist typisch für das 17. Jahrhundert. Reiseberichte aus der weiten Welt, deren Erstellung damals nur für wenige Menschen unter den abenteuerlichsten Bedingungen möglich war, wurden dem Leser übermittelt. Diese Themen ließen sich in phantastischen Bildern im Kupferstich erzählen. In Straßburg hatte Theodor de Bry schon mit einem Fortsetzungswerk über Amerika begonnen, das von dem Italiener Hieronymus Benzo geschrieben worden war. Dieses Werk erschien in lateinischer und deutscher Sprache. Die deutsche Übersetzung besorgte Johann Theodor de Bry und brachte auch die weiteren Folgen heraus. Der in der typischen Diktion der Zeit formulierte Titel eines Bandes lautet: ›Des VII. Theil America. Warhafftige und liebliche Beschreibung, etlicher fürnemmen Indianischen Landschafften und Insuln, die vormals in keiner Chronieken gedacht, und erstlich in der Schiffahrt Ulrici Schmidts von Straubingen, mit großer Gefahr erkündigt, und von ihm selber dargetan, Und an den Tag gebracht durch Dieterich de Bry‹. Die de Brys teilten das Schicksal vieler Glaubensflüchtlinge ihrer Zeit. In Frankfurt brannte die calvinistische Kirche ab. Der Rat der Stadt zeigte sich keineswegs zu Zugeständnissen bereit, und so sahen sich die Flüchtlinge wieder nach anderen Aufenthaltsorten um. Johann Theodor de Bry — sein Bruder war inzwischen gestorben — ließ sich 1609 in Oppenheim a.Rh. nieder, unterhielt aber das Frankfurter Geschäft weiter.[34] Mit ihm kam auch der Verlag der Witwe Hulsius, der gleichfalls Reiseberichte herausbrachte, nach Oppenheim. Für diese beiden Verlage druckte Hieronymus Galler, der sich ebenfalls von Frankfurt abgesetzt hatte. So wurde Oppenheim wieder für kurze Zeit, ähnlich wie im 16. Jahrhundert mit dem Drucker Jakob Köbel, zu einem literarisch interessanten Sammelpunkt. Ein weiteres großes Reisewerk erschien in 24 Teilen von 1590—1634 unter dem Titel ›Indiam orientalem et Indiam occidentalem‹ in lateinischer und deutscher Sprache.

Neben diesen Reisewerken fallen die Emblembücher auf, die im ganzen europäischen Raum hervortreten. Die barocke Wissenschaft — das 17. Jahrhundert ist das Jahrhundert des Barocks — liebte die Allegorie, das Mystische, Übersinnliche und personifizierte diese Dinge mit Vorliebe in der Kunst. Die Emblematik ist in der Deutung der Motive fast eine Wissenschaft für sich. In der Buchillustration zeigen die Werke von Jean Jacques Boissard oder Robert Fludd, die auch von de Bry illustriert wurden, solche Emblemdarstellungen. Der eigentliche Erfinder der Emblematik ist Andreas Alciatus, der schon im 16. Jahrhundert diese Kunstdichtung in der Form von Sinnbildern erfand. Auch in den Büchern von Joachim Camerarius finden sich solche Beispiele. Das Titelblatt, um dessen Gestaltung sich die Illustratoren des 16. Jahrhunderts so sehr bemüht hatten, erfährt auch im 17. Jahrhundert starke Beachtung.[35] Die Architektureinfassung,

[34] Josef Benzing: Johann Theodor de Bry, Levinus Hulsius Witwe und Hieronymus Galler als Verleger und Drucker zu Oppenheim (1610—1620). In: Archiv f. Gesch. d. Buchwesens 9 (1969), Sp. 589—642.

[35] William A. Coupe: The German Illustrated Broadsheet in the 17th Century. Vol. 1.2. Baden-Baden 1966/67 (Bibliotheca bibliographica Aureliana. 17. 20).

in einem Stück gestochen, ist ein Lieblingsmotiv. Hinzu gesellen sich auch hier immer wieder Blätter mit emblematischem und allegorischem Gedankengut. Ganz besonderer Wert wird immer noch auf das Frontispiz gelegt, das dem Titelblatt folgt. Es enthält gewöhnlich einen besonders hübschen Kupferstich, der sich auf den Inhalt des Buches bezieht.

In der allgemeinen Buchillustration ist weniger Johann Theodor de Bry bekannt als sein Schwiegersohn Matthäus Merian. Merian wurde 1593 in Basel geboren. Als Sohn wohlhabender Eltern erlernte er die graphischen Künste in Zürich und begab sich dann auf Wanderschaft. Er wanderte über Straßburg nach Paris. Dann tauchte er in Augsburg und Nürnberg auf. Seine Handzeichnungen beweisen seine Fähigkeiten. Im Jahre 1616 arbeitete er in de Brys Werkstatt in Oppenheim. Hier entschied sich sein Leben, da er im darauffolgenden Jahr 1617 eine Tochter de Brys heiratete und damit in das Geschäft seines Schwiegervaters eintrat. Bis 1620 blieb Merian in Oppenheim und konnte hier gewiß vieles von de Bry lernen, der nicht nur die Technik des Kupferstichs vorzüglich beherrschte, sondern auch ein guter Schriftsteller war. Im Jahre 1620 siedelte de Bry wieder nach Frankfurt über. Oppenheim wurde von den Kriegswirren erfaßt und brannte 1621 ab. Merian weilte von 1620—24 in Basel und erst ab 1625 in Frankfurt. Ganz im Sinne seines Schwiegervaters gab er das ›Theatrum europaeum‹, ein Sammelwerk zur Zeitgeschichte, heraus, das mit dem Berichtsjahr 1618 beginnt und zahllose Kupferstiche enthält.[36] Es ist ein einmaliges Zeitdokument für den 30jährigen Krieg und die Jahre bis 1718, das 21 Bände umfaßt und von 1633—1738 erschienen ist. Von 1629—1634 brachte er die Weltchronik von Johann Ludwig Gottfried in acht Bänden heraus. Das bekannteste Werk Merians sind die Topographien, die von M. Zeiller herausgegeben wurden. Die 29 Bände umfassen 92 Karten, 1486 Kupferstiche und 2142 einzelne Ansichten. Dieses Werk, das 1642 begonnen und 1672 abgeschlossen war, enthält die weltbekannten Ansichten von Städten und Bauwerken, die Merian so berühmt gemacht haben. Solche umfang-

[36] Lucas Heinrich Wüthrich: Das druckgraphische Werk von Matthaeus Merian d. Ä. Bd. 1.2. Basel 1966—1972.

reiche Buchprojekte erforderten eine große Werkstatt. Der weitaus größte Teil der Kupferstiche wurde von Gesellen gefertigt, und es ist schwer, die Hand des Meisters herauszufinden. Damit sind auch die Qualitätsunterschiede der einzelnen Abbildungen zu erklären. Einer von Merians tüchtigsten Gesellen war der Prager Wenzel Hollar, dessen Schicksal vom Krieg geprägt wurde und in England endete. Es gibt zahlreiche Buchillustrationen Merians. Herauszuheben sind die Bilder zur Bibel, die ausnahmslos von ihm selbst gezeichnet und gestochen worden sind. Diese Kupferstiche wurden in eine Bibelausgabe des Verlegers Zetzner in Straßburg eingefügt. Die Bilder sind oft wiederholt und nachgebildet worden. Merian starb 1650 in Langenschwalbach im Taunus. Sein Sohn führte das Geschäft im Sinne des Vaters weiter.

Die Neigung des 17. Jahrhunderts zur Repräsentation zeigt sich auch in den vielen Porträtstichen, die nur wenig mit dem Inhalt des Buches zu tun haben, sondern sich oft auf eine zu verehrende Person beziehen, aber doch typisch für das Jahrhundert sind. In diesem Zusammenhang trat die Kupferstecherfamilie Kilian in Augsburg hervor. Vor allem die Brüder Lukas (1579—1637) und Wolfgang (1581—1662) standen künstlerisch über dem Durchschnittsniveau. Sie verbrachten Lehr- und Wanderjahre in Italien. Ornamentstichbüchlein, Titelblätter, Porträts und Illustrationen zu den verschiedensten Werken gehören zu der Produktion dieser Werkstatt. Bekannt geworden sind sie auch durch Pflanzendarstellungen für das botanische Prachtwerk ›Hortus Eystettensis‹. Wolfgang Kilian hat den größten Teil der Abbildungen gestochen. Der botanische Garten oder exotische Gewächse im allgemeinen gehörten zu den Raritäten fürstlicher Liebhaber, die die Pracht ihrer Hofhaltung damit vermehrten. So ließ der Fürstbischof von Eichstätt die Pflanzen seines Gartens im Kupferstich nachbilden und als Buch von dem Botaniker Basilius Besler 1613, in einer 2. Auflage 1640, herausgeben. Bei der Pflanzendarstellung handelt es sich nun um einen Gegenstand, der nicht mehr den literarischen Inhalt des Buches beschreibt, sondern sich nur mit der Darstellung der Pflanze selbst befaßt. Es bilden sich im Laufe der Jahre zwei Interessengebiete heraus, einmal die Darstellungen, die nur für das Auge gedacht waren, mitunter auch als Stickmuster benutzt wurden, und die Abbildungen, die dem Botaniker für seine wissenschaftlichen Arbeiten dienten. Bei den ersteren genügten die Blumen in ihrer schönsten Blüte (wie z.B. das Blumenbuch der Maria Sybilla Merian), die Wissenschaftler verlangten Knospe, Blüte, Frucht bis in alle Einzelheiten ohne den ästhetischen Anblick. Der Kupferstich vermochte den feinen Verästelungen der Blüten und Blätter besser nachzugehen als der Holzschnitt. Manchmal wurden die Abbildungen auch farbig ausgemalt. Die Begeisterung für botanische Bücher setzte sich im 18. Jahrhundert fort. Bis heute unnachahmlich sind die Rosenbilder des Franzosen Pierre Joseph Redouté. Ein Nachkomme im 20. Jahrhundert ist das Blumenbuch von Rudolf Koch, das als Erstausgabe 1929 herauskam.

Ähnlich, nur in bedeutend geringerem Umfang erschienen auch die zoologischen und medizinischen Bücher. Muscheln, Schmetterlinge, Käfer, Schnecken fanden ihre Liebhaber, wie auch vor allem Vögel. Die Zeichner der naturwissenschaftlichen Abbildungen suchten ihre Vorlagen nicht nur nach der Natur, sondern begnügten sich oft noch mit der Wiedergabe altbewährter Darstellungen der Pflanzen- und Tierholzschnitte, die bei Otto Brunfels und Hieronymus Bock im 16. Jahrhundert oder in den Mainzer Kräuterbüchern von 1486 bei Peter Schöffer d.Ä. und 1491 bei Jakob Meydenbach erschienen waren. Die Tierdarstellungen wurden lange von dem Schweizer Konrad Gessner, dessen erstes Tierbuch 1551 erschien, beeinflußt. In den Werken des Italieners Ulisse Aldrovandi sind die Zeichnungen von hohem künstlerischen Wert und man weist gern darauf hin, daß sie nie übertroffen worden sind.[37] Die eigentliche Loslösung von den Vorlagen der mittelalterlichen Handschriften geschah in der Illustration des 16. Jahrhunderts. Dürer hat in seinen Gemälden naturalistische Darstellungen von Blumen und Gräsern gegeben. Auch andere Maler haben einzelne Pflanzen in vorzüglicher Form dargestellt. Die besten Vorlagen zu Pflanzenholzschnitten zeichnete jedoch Hans Weiditz für das Brunfelssche ›Kräuterbuch‹, das 1530 zu Straßburg bei Hans Schott erschien. Die fruchtbare Zusammenarbeit zwischen Autor

[37] Claus Nissen: Die naturwissenschaftliche Abbildung. In: Gutenberg-Jahrbuch 1944/49, S. 249—266, S. 257.

und Künstler zeigte sich hier schon und sollte für die Zukunft unerläßlich sein. Die Technik der naturhistorischen Abbildung, die vom Holzschnitt auf den Kupferstich übergegangen war, änderte sich erst wieder durch die Mehrfarbendrucke des 19. Jahrhunderts. Hierbei druckte man verschiedene Farben von mehreren Platten. Das Verfahren fand vor allem in England Anwendung. In Wien entstanden so die großen Pflanzenwerke von Nikolaus Joseph Jacquin. Die naturwissenschaftliche Illustration in Deutschland wurde vor allem in Nürnberg durch Christoph Jakob Trew gepflegt. Die Lithographie hatte keinen großen Einfluß auf die naturwissenschaftliche Illustration. Die große Wende brachten die Erfindungen der Photographie und des Mikroskops. Nun ging die Pflanzen- und Tierdarstellung endgültig in den Bereich der wissenschaftlichen Abbildung über. In der allgemeinen Buchillustration blieb nur die ästhetische Wiedergabe.

Die Chirurgen führen den Reigen der medizinischen Abbildung an.[38] Die anatomische Aufgliederung des menschlichen Körpers ist von besonderem Interesse. Das Skelett wird dargestellt. Die Kenntnisse beruhen auf den Überlieferungen der Antike (Hippokrates, Galen) oder der Medizinschule zu Salerno. Frühe gedruckte Darstellungen finden sich in der Zeit vor 1500 in Johann von Kethams ›Fasciculus medicinae‹ vom Jahre 1493. Doch beruhen auch hier die meisten Bilder auf den Erkenntnissen der Antike, während erst im 16. Jahrhundert neue Forschungsergebnisse hinzukamen, wie z.B. im ›Spiegel der Arznei‹ von Lorenz Fries, Straßburg 1518. Eine vielbeachtete Publikation waren die anatomischen Tafeln des Vesal, die 1538 in Venedig und dann in Nürnberg erschienen. Die übliche medizinische Abbildung setzt sich aus Muskel- und Nervenmännern, mit dem Uringlas in der Hand gezeichneten Ärzten, Aderlässen, fantastischen Operationsbildern und ähnlichen Dingen in den einschlägigen Werken der Zeit zusammen. Die Gynäkologie bringt zahlreiche Hebammenbücher bis ins 17. Jahrhundert hervor, von denen ›Der swangeren Frawen und Hebammen Rosgarten‹ des Frankfurter Stadtarztes

[38] Robert Herrlinger: Geschichte der medizinischen Abbildung. Von der Antike bis um 1600. 2. Aufl. München 1967.

Eucharius Rößlin, das zum erstenmal 1513 erschien, eines der bekanntesten ist. Die medizinische Illustration wendet sich ebenfalls wie die naturwissenschaftliche mit dem Fortschritt der Forschung von der dilettantisch erzählenden Form der Abbildung ab und geht zur reinen fachlichen Wiedergabe des Gegenstandes über. Die künstlerischen Elemente werden ganz den Bedürfnissen einer exakten realistischen Lehrmethode untergeordnet.

Die Vorliebe des Jahrhunderts für die exakten Wissenschaften, die ihren Ausdruck in der Gründung von Akademien fand, macht sich in der Buchproduktion deutlich bemerkbar. In der Illustration zeigen sich die Anfänge zur Spezialisierung.

DAS 18. JAHRHUNDERT

Man kann diesen Zeitabschnitt das Jahrhundert des Rokoko oder der Aufklärung nennen; denn beide Geistesrichtungen haben ihm den Stempel aufgedrückt, unbestritten hat jedoch die Buchillustration in jener Epoche die künstlerisch brillantesten Erzeugnisse seit ihrer Entstehung hervorgebracht. Das Bestechende an diesem Jahrhundert ist die Priorität des Geistes und nicht der Feudalismus, der vergänglich war, wie sich längst gezeigt hat. Niemand hat das besser empfunden als die damaligen Künstler, Schriftsteller und Wissenschaftler, die die Enge des Systems in ihren Werken zu durchbrechen suchten. Die Vorherrschaft führte Frankreich. Hatte schon die barocke Hofhaltung Ludwigs XIV. auf ganz Europa übergegriffen, so daß sich jeder kleine Fürst sein Versailles erbaute und sich als Sonnenkönig fühlte, die verfeinerte Kultur seiner Nachfolger fand erst recht Nachahmung. Unvergleichbar schön ist die Fülle des die prunkvollen Räume der Schlösser und Paläste ausfüllenden Kunsthandwerks. Hierzu gehören auch die Bücher. Die Auftraggeber für diese Arbeiten waren die Feudalherren, das Bürgertum hatte an dem Kunst- und Kulturleben nur einen geringen Anteil. Viel zuwenig Beachtung findet aber die Tatsache, daß Künstler und Kunsthandwerker mit wenigen Ausnahmen nur aus dem Bürgertum kamen. Allerdings verstanden sie es, sich in die Gedankenwelt aristokratischen Lebens einzufühlen. Die Kluft zwischen den Herrschenden und dem Volk war so groß, daß sie nur durch geistige Leistung überbrückt werden konnte.

Der Ernst des 30jährigen Krieges, das repräsentative, gravitätische Lebensgefühl des Barock war der leichtlebigen, dem Genuß hingegebenen Sinnenfreude des Rokoko gewichen. Die geistvolle Konversation erfüllte die Salons, die von Damen der Oberschicht im Sinne des literarischen Gedankenaustausches unterhalten wurden. Das Spielerische in jeder Form hatte den Vorzug. Theater, Musik und alle musischen Beschäftigungen erfreuten das Gemüt. Allerdings vergaß der

Franzose dabei nie die verstandesmäßige Erfassung der idyllischen Spielereien. So verlief das Leben in Heiterkeit, nach einem Schema, das nicht zuletzt von der Mode und der Eitelkeit geprägt war. Die Fürstenhöfe unterhielten ihre Agenten in Paris, die nicht nur politische Neuigkeiten berichteten, sondern auch über das, was gelesen, getragen, gegessen und gehört wurde. Die Korrespondenten berichteten natürlich mit mehr oder weniger geistvollen Bemerkungen in französischer Sprache. Unter den deutschen Agenten war der Baron Friedrich Melchior Grimm mit seiner ›Correspondance littéraire, philosophique et critique‹ (1753—1773) besonders beliebt.

Das literarische Programm des Jahrhunderts wurde von den beiden Antipoden Voltaire und Rousseau bestimmt. Der eine huldigte dem Verstand bis zum offenen Zynismus, der andere suchte den Menschen auf dem Weg über die Natur zu einem vernünftigen Leben zu führen, was zur sentimentalen Empfindsamkeit ausartete. Die englischen Philosophen beeinflußten Frankreich. Montesquieus staatspolitische Schriften wurden bewundert. Es ist bekannt, wie sehr sich Friedrich der Große von dieser Geisteshaltung beeinflussen ließ, ohne jemals ein wirkliches Verhältnis zur deutschen Literatur gefunden zu haben. Die politisch-philosophische Richtung hatte nur einen geringen Niederschlag in der Buchillustration, der gewöhnlich in Titelkupfern und Vignetten bestand. Der Roman, die schöngeistige Dichtung, zog die Illustratoren an. Es gibt zahlreiche unbedeutende Texte, die nur wegen ihrer Illustrationen in das Gedächtnis der Nachwelt übergegangen sind. Die Tendenz nach bestimmten Themen, die sich illustrieren ließen, wurde immer deutlicher. Das Bild diente nicht mehr der Aufklärung des Ungebildeten, man betrachtete es nur noch vom künstlerischen Standpunkt aus. Zu einer fürstlichen Hofhaltung gehörten Künstler. Man sammelte Graphik und erteilte Aufträge.

Die Kunst des Kupferstichs, die vorwiegend für die Abbildung verwandt wurde, beherrschte man in Deutschland so gut wie in Italien, England oder Frankreich. Dennoch mußte sich ein Künstler an Frankreich orientieren, auch wenn Italien noch immer das klassische Land der Kunst blieb. Die jungen Feudalherren und ihre Künstler machten Bildungsreisen nach Paris. Hier konzentrierte sich das gesamte politische und künstlerische Leben des Landes; von Paris aus wurde es gelenkt. Deutschland dagegen teilte sich in viele Herrschaftsbereiche, Fürstentümer, Reichsstädte etc. auf. Diese Dezentralisierung war zwar politisch ungünstig, der Kunst aber hat sie zu einer großen Vielfalt verholfen.

Das Handwerk des Kupferstechers vererbte sich sehr oft von dem Vater auf den Sohn. Eine Lehrzeit in Italien gehörte zum guten Ton. Sehr oft folgte dann eine Anstellung in fürstlichen Diensten oder die Übernahme der väterlichen Werkstatt mit entsprechenden Aufträgen. Ein solcher Werdegang ist vor allem in Frankreich zu beobachten, läßt sich aber auch in anderen Ländern verfolgen. Eine große Rolle spielte die Zugehörigkeit zur Akademie, die dem Künstler ein repräsentatives Prestige verschaffte. Alle diese Dinge bedeuteten noch keinen Reichtum, und viele Künstler haben ihren Lebensunterhalt nur mit Mühe bestritten. Die Technik des Kupferstichs stand auf einem absoluten Höhepunkt. Dennoch wurde gerade in der Buchillustration sehr häufig die Technik der Radierung angewandt und mit dem Stichel wurden nur einzelne Partien nachgestochen, um das Malerische, die Intimität des Interieurs herauszuarbeiten. Diese technischen Unterschiede lassen sich in dieser zusammenfassenden Darstellung nicht im einzelnen hervorheben, sie müssen der Detailbetrachtung überlassen werden.

Für das 18. Jahrhundert kann man eine Betrachtung über Buchillustration nur in Frankreich beginnen. Die Erforschung des Gebietes hat auf breiter Ebene stattgefunden. Es gibt viele Einzeldarstellungen. Henri Cohen, Max Sander, H. W. Singer sind Autoren der älteren Forschergeneration. Hans Fürstenberg hat seine Sammlerleidenschaft, er besitzt die größte Sammlung der französischen Buchkunst des Jahrhunderts, zur wissenschaftlichen Analyse ausgebaut. Aus dem Buch Wilhelm Hausensteins über das Rokoko spricht die Bewunderung eines geistreichen Schriftstellers für eine ihm adäquate Lebenshaltung. Die Darstellungen von Werner R. Deusch, die anläßlich der Ausstellung der Sammlung Fürstenberg 1965 in Ludwigsburg erschienen, folgen der bibliographischen Betrachtungsweise. Man teilt heute das Gesamtgebiet der französischen Buchillustration des Rokoko — besonders von deutscher Seite aus — in drei Perioden ein. 1. die Zeit der Régence, der Regentschaft für Ludwig XV., 2. den Zeitraum 1730 bis 1755, in dem sich der Geist des Rokoko am stärksten in Büchern ausdrückt, 3. die Zeit von 1755 bis 1775, in der Vignetten in den Vordergrund treten. Nach 1775 bis 1800 vollzieht sich die Wandlung der Lebensauffassung durch Aufklärung und Revolution. Es soll darauf verzichtet werden, alle Künstler einzeln aufzuzählen, da Hans Fürstenberg in seinem Buch darüber erschöpfend Auskunft gibt. Erwähnung finden nur solche, die besonders hervorgetreten sind oder eine Stilrichtung angebahnt haben.

Jeder Autor möchte den Zauber der Malerei Antoine Watteaus auch für die Buchgraphik in Anspruch nehmen, doch Watteau hat leider so gut wie überhaupt nicht für das Buch gearbeitet. Dafür sind seine Gemälde und Handzeichnungen in zwei Kupferstichfolgen im Auftrag seines Freundes Julienne von Boucher, Coypel u.a. wiedergegeben worden. Diese Blätter bezeugen die ganze Kunst einer eleganten, schwerelosen Zeichenkunst, die die unbekümmerte Lebensphilosophie einer ganzen Zeitepoche einzufangen wußte. Sie sprechen aber auch für die Stecher, die das mit der gleichen Meisterschaft auszudrükken vermochten. Die Wiedergabe von Gemälden und Zeichnungen großer Künstler im Kupferstich ist nach wie vor sehr beliebt; diese Sammlungen gehören aber nicht zum Thema Buchillustration. Eine sehr begehrte Literaturgattung waren Almanache und Taschenbücher. Man legte sie den Damen zur Morgentoilette als Geschenk auf den Spiegeltisch. Die Galanterie suchte immer neue Überraschungsmomente. Die Bücher wurden in auffallend kleinem Format hergestellt, so mußte sich auch der Kupferstich auf ein kleines Feld beschränken, was den intimen Ausdruck des Dargestellten oft noch unterstrich. Die Freude am Spiel, den kleinen, unwichtigen Dingen die größte Bedeutung zuzuweisen, führte zur Hervorhebung der Vignette, eines kleinen Arrangements, das den Anfang, den Schluß oder den Kopf der Seite schmückte. Der Putto war der beliebteste Gegenstand dieser Vignettendarstellungen. Mit Blumengirlanden oder Tieren spielende Putten wurde mit solcher Feinheit gezeichnet, daß sie neben der eigentlichen Illustration eine Sonderstellung einnahmen, so daß ein Kupferstecher vielfach mit dem Ausdruck Vignettist bedacht wurde.

Die Almanache waren besonders beliebt in Frankreich. Hier gehen sie schon bis zum Jahre 1660 zurück und befassen sich mit allen Gebieten der Politik, der Wirtschaft und der Kultur. In Deutschland tragen diese Bände meistens den Titel eines Musenalmanachs, soweit sie in den literarischen Bereich fallen. Auch diese Bezeichnung stammt von dem französischen ›Almanach des Muses‹, der 1765 in Paris erschien. Daraufhin gründete der Göttinger Dichterbund seinen Musenalmanach auf das Jahr 1770. Ihre Herkunft von dem Kalender deuten diese Bände durch ihr jährliches Erscheinen an. Die Buchform reicht weit in das 19. Jahrhundert hinein. Ihre Illustrierung bleibt liebenswürdig, wenn auch nicht immer auf künstlerischer Höhe. Vielfach übernimmt auch der typographisch zusammengefügte Schmuck aus dem Setzkasten die Aufgabe einer gezeichneten Vignette.

Bernard Picart ist der Künstler, der die Verbindung zum niederländischen Kupferstich bedeutet; denn die Kunst des 17. Jahrhunderts hat sich mehr und mehr durchgesetzt und der Einfluß der Niederländer ist allgemein spürbar. Picart war als Sohn eines Kupferstechers in Paris geboren, verbrachte aber einen großen Teil seines Lebens in Amsterdam. Romain de Hooghes gilt als einer der angesehendsten niederländischen Buchkünstler, der mit seinen Illustrationen vorbildlich für andere Kupferstecher war. Seine Dominanz ist allerdings nicht exakt nachweisbar, denn die Interpretation des gleichen Stoffes führt zu immer wieder ähnlichen bildnerischen Aussagen. Lafontaine, Boccaccio oder Marguerite de Navarre, für die schon das ausgehende 17. Jahrhundert großes Interesse zeigte, sind aus dem neuen Jahrhundert als Autoren gar nicht mehr wegzudenken. In Amsterdam war die Geschichte der Juden sehr lebendig. Rembrandts Darstellungen galten als vorbildlich. Die römischen Klassiker behielten ihren Reiz; so kamen 1732 in Amsterdam eine Ovid-Ausgabe und 1764 Vergils Werke heraus, zu denen Picart Kupfer anfertigte.

Der Name des Kupferstechers Dubercelle wäre längst vergessen, wenn er nicht an der Erstausgabe des Schelmenromans ›Gil Blas‹ (1715—55), eines der beliebtesten Bücher der Zeit, beteiligt gewesen wäre. Ebenso illustrierte er die Erstausgabe von Le Sages ›Le diable boiteaux‹ (1727). Auch dieser Titel läßt sich aus dem Themenkreis des Jahrhunderts nicht ausschließen. Die seltene Erscheinung, daß Mäzenaten selbst zum Stichel griffen, um sich mit der Praxis auseinanderzusetzen, zeigt sich bei dem Herzog Philipp II. von Orléans, der die Regentschaft für den jungen Ludwig XV. führte und ein Sohn Liselottes von der Pfalz war. Dieser wenig sympathische Lebemann hatte aber offensichtlich ein tiefes Verständnis für die Kunst. Ob man ihn nun mit Recht oder Unrecht dem Kreise der sogenannten Dillettanten zuzählt, die mit Hilfe ihres Einflusses zu Malerruhm gelangten — auch Madame de Maintenon gehörte dazu —, mag dahingestellt bleiben. Seine Verdienste um die Kunst sind unbestritten. Orléans illustrierte mehrere Bücher, vor allem eine Ausgabe von Longus ›Daphnis und Chloe‹, die berühmt wurde. Allerdings fällt in diesem Zusammenhang gleich der Name Charles-Antoine Coypel, der dem Herzog Malunterricht erteilte und als einer der besten Illustratoren der ersten Epoche genannt werden muß. Die Illustrationen des Herzogs sind wohl meistens im Zusammenhang mit Coypel zu sehen. Coypel entstammte einer angesehenen französischen Künstlerfamilie und war Direktor der Akademie. Aus der Fülle seiner Bilder führen die Arbeiten zu einer unvollständig gebliebenen Molière-Ausgabe und zum ›Don Quijote‹ den Reigen der zu illustrierenden Bücher des Jahrhunderts weiter.

Das Werk Molières hat François Boucher zu den prachtvollsten Illustrationen inspiriert. ›Les précieuses ridicules‹, die Persiflage auf die bildungsbeflissene Damenwelt, ist eines der typischsten Bücher der Zeit. Die knisternde Seide der Damenroben, die huldvolle Neigung der Köpfe, die sich in Pose gefallenden Kavaliere, das alles ist mit einer Wirklichkeitsnähe gezeichnet, die unnachahmlich ist. Boucher ist im übrigen der Maler der galanten Szene. Er war ein Günstling der Pompadour, die bei ihm Malunterricht nahm, wodurch er sich Zugang bei Hof verschaffte. Offenbar wußte er auch seine finanziellen Interessen zu wahren, denn er führte ein großes Haus mit angesehenen Sammlungen. Seine schöne Frau zog manchen Kavalier an. So fand die Geschichte in die Literatur Eingang, daß der schwedische Graf Tessin ihretwegen den Kupferstich erlernte. Damit lieferte er die Vorgeschichte zu dem Roman ›Acajou et Zirphile‹ von Duclos, mit Kupfern von Boucher (s. Deusch S. 16 Nr. 17).[39] Paul Scarron, der Ehe-

[39] Werner R. Deusch: Das Buch als Kunstwerk. Französische, illustrierte Bücher des 18. Jh. aus der Bibliothek Hans Fürstenberg. Ausstellung im Schloß Ludwigsburg. Stuttgart 1965, S. 16.

mann der späteren Marquise de Maintenon, verfaßte einen vielgelesenen Schelmenroman unter dem Titel ›Roman comique‹, dessen Hauptfigur Ragotin heißt. Hierzu zeichnete Jean Baptiste Oudry eine Reihe von Illustrationen, die nur in wenigen Folgen erhalten und nicht als Buch erschienen sind. Seine Zeichnungen zu Lafontaines Fabeln wurden ebenso berühmt, obwohl sie nur in einer Bearbeitung Cochins in einer Buchausgabe herauskamen. Oudry arbeitete für Teppich-Manufakturen in Beauvais, deren Direktor er zeitweise war.

Der eigentliche Höhepunkt der Buchillustration zeigt sich erst in der sogenannten zweiten Periode, die von den ausgesprochenen Zeichnern im Gegensatz zu den Malern der vorausgehenden Zeit beherrscht wird. Es ist die eigentliche Louis-Quinze-Zeit, die sich in den Künstlern Gravelot, Eisen, Cochin, Marillier verkörpert. Sie haben viele Helfer gehabt, und es ist auffallend, daß oft mehrere Illustratoren für eine Ausgabe gearbeitet haben. Die Werke der bedeutenden französischen Schriftsteller Corneille und Racine werden von Gravelot illustriert. Gravelot, mit dem bürgerlichen Namen Hubert Bourguignon, war Pariser. Er hat eine harte Lehrzeit hinter sich gebracht, da ihn sein Vater als Antwort auf einen lockeren Lebenswandel in die Kolonie San Domingo geschickt hatte. Nach Paris zurückgekehrt, wandte er sich dem Kupferstich zu und ging zunächst für viele Jahre nach England, bevor er wieder nach Paris übersiedelte. Gravelot hat viel illustriert, er war Graphiker und kein Maler. Seine Illustrationen zu Henry Fieldings ›Tom Jones‹ (1750) und zu Abbé Présvots ›Manon Lescaut‹ (1753) deuten bereits die Schriftsteller der Empfindsamen an. Allgemein bekannt wurde er durch seine Bilder zur ›Nouvelle Héloise‹ (1761) von Rousseau. Gravelots Darstellungen erscheinen beherrscht. Er verstand die räumliche Perspektive wie kaum ein anderer. Vielleicht war es der englische Einfluß, der ihn etwas distanziert erscheinen läßt. Er legte keinen Wert auf Ehrungen. Seine Leidenschaft waren die Bücher, die er nicht nur bebilderte, sondern auch las. Zu den von ihm illustrierten Büchern gehören weiter eine Reihe von ›Iconologischen Almanachen‹, die Titelblätter von Pierre Fourniers ›Manuel typographique‹ und zur ›Pucelle‹ von Voltaire.

Ein völlig anders gearteter Mensch und Künstler war Charles Dominique Joseph Eisen. Er gefiel sich in der Galanterie, schuf unzählige

Vignetten und zahllose Illustrationen. Neben seinen Büchern war er der geborene Gelegenheitsgraphiker, der mit Leichtigkeit und Charme auch die kleinsten Arrangements erledigte. Eisen beherrschte die erotische Szene, das brachte ihm in der Kritik oft den Vorwurf des leicht Vulgären ein. Dieses Urteil lag wohl mehr in seinem Charakter und dem zügellos ordinären Lebenswandel seiner späteren Jahre begründet, nachdem er Paris verlassen hatte und in Brüssel lebte. Eines seiner Hauptwerke sind die Fabeln Lafontaines in der Ausgabe der Fermiers généraux. Fürstenberg nennt dieses Buch wegweisend für die Zeit Ludwig XVI. Die Fermiers généraux sind die Generalpächter, die die staatlichen Steuern in ihre Regie übernommen hatten und dafür dem König eine fixe Summe zahlten. Auf diese Weise war der König langsam aber sicher in die Abhängigkeit der Generalpächter gelangt, die sich aus Bürgerlichen zusammensetzen, in ihrem Lebenswandel aber keineswegs dem Adel nachstanden. Wie sehr es zum guten Ton gehörte, sich dem Künstlerischen zu widmen, beweist diese Ausgabe, die ganz vorzüglich ausgestattet wurde. Eisen gehörte auch zum Künstlerkreis der Madame de Pompadour, der er Zeichenunterricht erteilte. In Ungnade fiel er am Hof, als er ein Kostüm für den König zu entwerfen hatte und die Dreistigkeit besaß, selbst im gleichen Kostüm zum Ball zu erscheinen. Unter der Fülle der von ihm illustrierten Bücher befinden sich eine Tacitus- und eine Plautus-Ausgabe, auch die Erstausgabe des ›Emile‹ von Rousseau. Die Freundschaft mit dem Erfolgsschriftsteller Claude Joseph Dorat führte dahin, daß Eisen die meisten Werke seines Freundes illustrierte und sie damit unsterblich machte, was sonst kaum der Fall gewesen wäre. Darunter befinden sich die vorzüglichen Bilder zu Dorats ›Baisers‹ von 1770, die Fürstenberg[40] zum „Feinsten" zählt, was die französische Buchkunst zu bieten hat. Im Zusammenhang mit den Kupfern Eisens für die Lafontaine-Ausgabe der Generalpächter taucht der Name Pierre-Philippe Choffard auf, der die Vignetten für dieses Werk anfertigte. Choffard gilt als einer der vielseitigsten und befähigsten Ornamentkünstler und Vignettisten die-

[40] Hans Fürstenberg: Das französische Buch im 18. Jahrh. und in der Empirezeit. Weimar 1929, S. 91.

ser Zeit. Sein Name bürgt auch für die Vignetten in dem Reisewerk ›Voyages des Naples et de Sicile‹, das von dem Abbé de Saint-Non herausgegeben wurde. Reisewerke sind eine sehr beliebte Buchgattung und zur Illustrierung immer wieder geeignet. Im 18. Jahrhundert erschienen viele Beispiele dieser Art, vor allem gegen Ende des Jahrhunderts. Damals setzten auch die beliebten Reisen an den Rhein ein, die Franzosen und besonders Engländer durchführten. Im Jahre 1798 erschienen ›Fünfzig malerische Ansichten des Rheinstroms‹ von Laurenz Janscha in Wien mit kolorierten Kupferstichen. In den meisten Werken waren die Illustrationen wenig reizvoll. Der Höhepunkt dieser Ansichtenwerke lag dann in der Zeit der Romantik, aus der viele Stahlstiche erhalten sind.[41]

Der große Landschaftsmaler des 18. Jahrhunderts war Joseph Vernet. Sein Name ist für die Buchillustration nur insofern wichtig, als er den beliebten Roman von Bernardin de Saint-Pierre ›Paul et Virginie‹ illustriert hat. Diese sentimentale Liebesgeschichte spielt auf einer Insel der Südsee. Saint-Pierre ist ein Anhänger Rousseaus.

Meister der Feste wird Charles-Nicolas Cochin fils oder der jüngere Cochin genannt, um ein Charakteristikum aus der großen Anzahl seiner Kupfer herauszugreifen. Er gehörte zum Kreis der Pompadour und zeichnete alle seine famosen Darstellungen der glanzvollen «Fêtes» aus eigener Anschauung. Er begleitete den Bruder der Pompadour auf einer Italienreise, die ihn sehr beeindruckte. Auch Cochin lieferte seine besten Illustrationen für eine Lafontaine-Ausgabe, fast könnte man sagen, daß alle großen französischen Buchkünstler einmal entweder die Fables oder die Contes Lafontaines illustriert haben. Im übrigen war Cochin Generalsekretär der Akademie und gehörte zu den Arrivierten der Gesellschaft. Im hohen Alter illustrierte er Tassos ›La Gerusalemme liberata‹ (1789) und gab mit diesen Darstellungen den Weg zum Klassizismus des späten 18. Jahrhunderts an. Eine Wende, die nicht überrascht, da er sich schon in früheren Jahren gegen die übertriebenen Schnörkeleien des Rokoko gewandt hatte, weshalb man ihn dann Wegbereiter des neuen Stils nannte.

[41] Helmut Häuser: Ansichten vom Rhein. Stahlstichbücher des 19. Jahrhunderts. Köln 1963.

Zwei Künstler, Pierre-Clement Marillier und Honoré Fragonard, dürfen nicht vergessen werden, wenn von den großen französischen Kupferstechern die Rede ist. Beide sind in ihrem Werke noch dem Rokoko verbunden, wenn auch Marillier schon sein persönliches Leben als Philantroph lebte. Marillier hat vor allem ausgezeichnete Vignetten gezeichnet, aber auch hervorragende Kupfer für eine Ausgabe der Fabeln Lafontaines (1773). Auch Fragonards Kupfer für eine Ausgabe der Contes von Lafontaine gelten als seine beste Leistung. Fragonard war Maler, was sich in der glanzvollen Wiedergabe der Frauenkörper, den Gewändern und der gesamten Komposition des Bildes zeigt. Sein Werk für die Buchillustration ist klein, aber meisterlich.

Nach soviel glanzvollen Künstlernamen sollen zwei Meister der Technik Erwähnung finden, die zwar keine Bücher illustriert haben, aber die Mehrzahl der Buchillustratoren unterrichteten, der Franzose Lebas und der Deutsche Georg Wille. Beide waren gewissenhafte Lehrmeister und Handwerker. Hausenstein[42] nennt sie die Erzväter der Graphiker des Jahrhunderts. Lebas war ein kleinbürgerlicher Franzose, der nebenbei ein guter Violinspieler war und die Reitkunst liebte. Wille stammte aus der Gegend von Gießen, hatte einige Semester Mathematik studiert und das Ätzen von Waffen gelernt. Auf seiner Wanderschaft gelangte er über Straßburg nach Paris. Dort arbeitete er bei Largillière und gelangte durch gute Porträtstiche zu Ansehen. Der Weg der jungen deutschen Künstler in Paris führte immer durch Willes Haus. Selbst brieflich erteilte er seine Ratschläge durch halb Europa. Er wurde Mitglied der Akademie, verlor in der Revolution sein Vermögen, blieb aber doch geachtet und versorgt bis an sein Lebensende.

Die Revolution von 1789 veränderte mit einem Schlage die Pariser Kunstlandschaft. Das Dixhuitième hatte sich überlebt. Die neue Gesellschaft suchte nach der Schreckenszeit der Guillotine wieder nach neuen Lebensformen und fand den Klassizismus. Man orientierte sich

[42] Wilhelm Hausenstein: Rokoko. Französische und deutsche Illustratoren des 18. Jh. 2. Aufl. Bearb., Nachwort u. Auswahl-Bibliographie von Joachim Wieder. München 1958, S. 37.

ein wenig an Italien in den klassischen Formen und an England im sentimentalen Inhalt. Es waren zwar keine Schäferspiele mehr modern wie unter Marie Antoinette, aber man schwärmte für die Natur. Die Perücke der Damen machte der in griechischer Manier hochgesteckten Haartracht Platz. Die Figuren wurden schmal, der Reifrock verschwand, das Empire faßte Fuß. Die Neigung zum Buch blieb. Die Auftraggeber änderten sich, aber der Kunstbetrieb setzte sich fort.

Ein Künstler, dessen Schaffensperiode sowohl vor als nach der Revolution liegt, ist Jean-Michel Moreau le Jeune. Er wurde als „der Jüngere" im Unterschied zu seinem Bruder, einem angesehenen Landschaftsmaler, bezeichnet. Mit seinem Lehrer Le Lorrain reiste er nach Petersburg und arbeitete mehrere Jahre am Zarenhof. Sein Schaffen umfaßt ein großes Œuvre, sowohl die zeitgenössischen Romane finden in ihm einen Illustrator als auch die wissenschaftliche Literatur. Zwei große Publikationen, die Voltaire-Ausgabe von Beaumarchais und das Monument du Costume, sind mit seinem Namen verbunden. In England starb der Drucker John Baskerville (1706—1775), der, ähnlich wie die Familie Didot, das Schriftbild des Buches maßgeblich beeinflußt hat. Pierre Augustin Caron de Beaumarchais, allgemein bekannt als der Verfasser von ›La folle journee ou le mariage de Figaro‹, dem Text der Mozart-Oper ›Figaros Hochzeit‹, kaufte nach Baskervilles Tod dessen Schriften auf und druckte in Kehl am Rhein eine Voltaire-Ausgabe. Diese Ausgabe entstand in den Jahren 1784—1789, sie war dem Prinzen Heinrich von Preußen gewidmet, dem Bruder Friedrichs des Großen, der in Rheinsberg lebte. Die Kupfer fanden allgemein Bewunderung, vor allem die Illustrationen zur ›Pucelle‹. Moreau hatte sich während einer Italienreise mit dem Klassizismus befreundet und den Maler Jacques-Louis David, den Freund Robespierres, kennengelernt. Die Revolution hatte den Künstler nicht beeinträchtigt, er verstand es offensichtlich, sich anzupassen. Er war zwischen zwei Stilepochen beheimatet, die er ohne Schwierigkeiten beide beherrschte. Das zweite große Zeitdokument, an dem der Künstler mitgearbeitet hat, ist das ›Monument du Costume‹, zu dem Restif de la Brétonne den Text schrieb. Dieses Werk über die Sitten und Kostüme der Franzosen des 18. Jahrhunderts war unter einem anderen Titel mit Illustrationen des Schweizers Sigmund Freudeberger begonnen worden. Die Revolution hatte den Titel geändert, es blieb aber ein großes Dokumentarwerk der französischen Gesellschaft der Zeit. Der Schweizer Johann Heinrich Eberts verlegte es in Paris, und es ist, als vollständiges Exemplar, eines der seltensten Werke des Jahrhunderts.

Die Buchillustration im Frankreich des 18. Jahrhunderts hat in ihren Höhepunkten ausschließlich den Kupferstich verwandt und wurde wie nie mehr danach von einem bibliophilen Mäzenatentum gefördert. Oft erscheinen die Kupfer zunächst in losen Folgen und dann erst in Buchausgaben. Es treten weniger die Drucker und Verleger hervor als die Kupferstecher. Der Druck der Bücher tritt hinter der Illustration zurück. Die Schriften sind korrekt in ihren Ausführungen, die Familie Didot ist führend im Schriftwesen und in der Erfindung neuer Druckverfahren wie der Stereotypie. Die königliche Druckerei hatte eine starke Position. Doch ließen die Künstler in Druckereien drucken, die sich auf den Kupferdruck spezialisiert hatten. Man darf auch nie vergessen, daß die Künstler nur einen Teil ihrer Kupfer selbst in die Platte gravierten, während der andere Teil von Kupferstechern ausgeführt wurde, wodurch immer wieder die berühmten Qualitätsunterschiede entstehen. Sehr oft finden sich am unteren Rand des Stücks, über dem Plattenrand, der gewöhnlich als vertiefte Rille zu sehen ist, die Namen der Beteiligten. Der Name des Malers ist oft mit pinx(it) oder delin(avit) verbunden, während der Name des Stechers ein sculp(sit) oder gravé im Gefolge hat.

In Frankreich spielte der Holzschnitt im 18. Jahrhundert keinerlei Rolle. Und doch gilt es die Holzschneiderfamilie Papillon zu erwähnen. Jean-Baptiste Michel Papillon schrieb eine Geschichte seiner Familie und der Holzschnittkunst. Die Papillons befaßten sich schon in der dritten Generation mit dem Holzschnitt. Diesen Mitteilungen verdankt man allerlei Neuigkeiten über den Kunstbetrieb der Zeit, wieweit sie zutreffen, ist fragwürdig. Eine wichtige Tatsache ist, daß die Kupferstiche für eine bestimmte Ausgabe angefertigt wurden und nur begrenzt haltbar waren, während die Holzschnitte vor allem in Form von Vignetten, Kopfleisten und Schlußstücken beliebig hergestellt und an Druckereien im In- und Ausland verkauft werden konnten. Es fehlte ihnen also sehr oft an Originalität. Sie wurden gewöhnlich in Gelegenheitsdrucksachen verwandt. Doch hat Papillon auch Holzschnittvignetten für die von Oudry illustrierte Ausgabe der Fabeln Lafontaines geschnitten und damit bewiesen, daß er sich neben den Kupferstechern behaupten konnte. Neben Papillon war die Familie Le Sueur mit Erfolg im Holzschneiderhandwerk tätig. In dieser Familie gab es auch befähigte Zeichner, die ihre eigenen Arbeiten in Holz schnitten, während meistens die Holzschnitte erst von künstlerischem Wert waren, wenn sie nach Vorlagen berühmter Zeichner geschnitten wurden.

Der englische Kupferstich kann mit den Franzosen nicht konkurrieren, obgleich es auch hier gute Arbeiten gibt. Seine Besonderheit hat England aber in dem Holzschneider Thomas Bewick.[43] Bewick wollte bessere Kinderbücher machen. Er suchte nach einem Verfahren, das nicht so kostspielig war wie der Kupferstich, aber haltbarer als der Langholz-Holzschnitt. So kam ihm der Gedanke, den Holzstock quer durch den Stamm abzuschneiden und ihn mit dem Stichel zu bearbeiten wie eine Kupferplatte. Man nannte seine Erfindung den Hirnholzschnitt oder Holzstich. Das Buchsbaumholz war besonders geeignet für sein Verfahren. Seine ersten Versuche erschienen in dem ›Lottery of Birds and Beasts for Children‹ von 1771. Das bekannteste Buch sind die ›British Birds‹ von 1797. Die Illustrationen Bewicks zeichnen sich vielleicht weniger durch künstlerischen Einfallsreichtum als durch technische Qualität aus.

In der englischen Buchproduktion der Zeit haben verschiedene Titel große Verbreitung gefunden und sind sehr oft illustriert worden. Darunter befinden sich zunächst Samuel Richardsons ›Pamela‹ und der Roman ›Klarissa oder die Geschichte eines jungen Mädchens‹. Das weithin bekannteste Buch ist aber Daniel Defoes ›Robinson Crusoe‹, das 1719 zum ersten Mal erschien. Dieses hat den unruhigen, in politische Händel verstrickten, von der Hand in den Mund lebenden Schriftsteller berühmt gemacht. Sein Robinson enthielt die Sehnsucht nach einem ungekünstelten, einfachen Leben, das der Wunsch

[43] Blanche Cirker: 1800 Woodcuts by Thomas Bewick and his School. New York 1962.

des Jahrhunderts war. Rousseau und viele seiner Gesinnungsgenossen haben sich hiervon anregen lassen. Robinson ist ein schiffbrüchiger, einfacher Mann, der aus der Not eine Tugend macht und ein Leben mit den primitivsten Mitteln auf einer Insel führt. Er hat seinen Eltern als junger Mensch viel Kummer gemacht, erfährt durch das Leben in Einsamkeit Läuterung im moralischen Sinn und kehrt als guter Mensch mit einem „guten Wilden" (Freitag) in seine Heimat zurück. Schon 1720 kam eine französische Ausgabe mit Illustrationen von Bernard Picart in Amsterdam heraus. Im Jahre 1780 brachte Johann Heinrich Campe in Hamburg seine Geschichte ›Robinson der Jüngere‹ heraus. Es war die Geschichte Defoes, mit einigen Veränderungen für Kinder erzählt. Campes Absicht war es, den Kindern ein Buch zu schreiben, an dem sie Freude haben, gleichzeitig aber auch im Sinne der Aufklärung zu guten Menschen erzogen werden sollten. Die Begeisterung für die Robinson-Geschichte nimmt rasch zu und setzt sich ins 19. Jahrhundert fort. In Stuttgart erscheint 1837 ›Emma‹, der weibliche Robinson. Frankreich hat gleich drei verschiedene Fassungen ›Le Robinson des glaces‹ (Paris 1835 von Foninet), ›Petit Robinson‹ (Lemaire, Paris 1810) und ›Le Robinson de douze ans‹ (Mallès de Beaulieu, Paris 1824). In Amsterdam kam ›Der Holländische Robinson‹ (Verf. Vevenet) heraus. Ganz besondere Beachtung fand der schweizerische Robinson von Johann David Wyß. Wyß war Pfarrer und hatte dieses Buch für seine Söhne geschrieben, die es später (1812 bei Orell Füßli) veröffentlichten. Wyß hat auch sehr schöne Illustrationen dazu gemacht. Diese Robinsonaden sind sehr auf das naturwissenschaftliche Erleben von Kindern abgestellt. Im übrigen verbinden sich große Künstlernamen mit Robinson-Illustrationen. In London waren es George Cruikshank und Phiz (K. H. Browne). Grandville illustrierte eine Ausgabe, die 1840 in Paris gedruckt wurde, und von Ludwig Richter erschienen 1848 in Braunschweig Illustrationen.

Ein anderes Buch, das 1727 in England entstand und Weltgeltung erlangte, sind ›Gullivers Reisen‹ von Jonathan Swift. Swift war Geistlicher, betätigte sich aber sein ganzes Leben hindurch als politischer Schriftsteller. Er konnte sehr boshaft sein und liebte die Satire. Gulliver ist Schiffsarzt und lernt so viele Völker der Erde kennen, die sich in den merkwürdigsten Situationen darstellen. Die Insel Liliput findet bei den Kindern große Liebe. Der Verfasser setzte die einzelnen Begebenheiten in ein zeitkritisches Bild. Hierzu gibt es wieder hervorragende Illustrationen von Grandville. Auch dieses Buch überlebt Generationen und wird unbeabsichtigt zu einem Jugendbuch.

Aus der Fülle der Literatur sei noch der ›Vicar of Wakefield‹ von Oliver Goldsmith erwähnt, der 1766 erscheint. Die erste deutsche Übersetzung des Landpredigers von Wakefield kam 1767 heraus. Auch hier führt das einfache, durch Leiden geläuterte Leben zur Glückseligkeit, wie es sich als Idealvorstellung im gesamten Schrifttum des ausgehenden 18. Jahrhunderts findet. Von Daniel Chodowiecki erschienen 1777 in Berlin im ›Almanach générale‹ Kupfer zu diesem Buch und von Thomas Bewick 1798 in Hereford seine bekannten Holzstiche.

Im Anschluß an die Robinsonaden wird man unwillkürlich an die Kinderbuchliteratur[44] erinnert, die eine wesentliche Buchgattung des 18. Jahrhunderts ist und sich in das 19. Jahrhundert fortsetzt. Es war nicht nur Rousseau, der erkannt hatte, daß das heranwachsende Kind Träger einer neuen Gesellschaftsordnung ist. Unter den Pädagogen gab es schon lange Bestrebungen, das Kind aus der Starre des zu lernenden Stoffes herauszuführen und ihm mit einer dem Spieltrieb des Kindes angepaßten Methode das Lernen zu erleichtern. Die züchtigende Rute, die zwar die verbreitete Sitte war, die Lehrmethode durchzusetzen, wurde schon von manchen Pädagogen in Frage gestellt. Vieles, was in der Kinderbuchliteratur der damaligen Zeit zu lesen ist, wurde erst im 20. Jahrhundert verwirklicht. Wie wichtig das Bild in der Kinderbuchzeichnung ist, zeigt sich schon in dem frühesten Lehrbuch dieser Art, dem ›Orbis pictus‹ von Johann Amos Comenius aus dem Jahre 1658. Comenius war Lehrer und Prediger der Glaubensgemeinschaft der „Böhmischen Brüder“, die im Zusammenhang mit der Hussiten-Bewegung entstanden war und nach dem 30jährigen Krieg in Böhmen verboten und verfolgt wurde. Er landete schließlich nach vielen Irrwegen in Amsterdam. Sein Buch, das er für

[44] Bettina Hürlimann: Europäische Kinderbücher in drei Jahrhunderten. Zürich 1959.

den Lateinunterricht geschrieben hatte, enthielt neben den lateinischen Worten wie beispielsweise „lupus ululat“ die deutsche Übersetzung „der Wolf heult“ und dazu einen Holzschnitt mit einem Wolf. In dieser Weise sind alle Begriffe in diesem Büchlein durch Holzschnitte illustriert. Die einprägende Wirkung des Bildes ist uns heute selbstverständlich geworden, damals war es etwas Besonderes. Das Buch erlebte viele Auflagen und Nachahmungen. Wer die Holzschnitte zu der Erstausgabe des ›Orbis pictus‹ fertigte, steht nicht fest; oft wird angenommen, daß es Comenius selbst war.

In der Nachfolge dieses Buches steht ohne Zweifel das ›Elementarwerk‹ von Johann Bernhard Basedow. Nur erschien dieses Buch erst 1770—1774 und ist weit anspruchsvoller im Text und in der Aufmachung. Es umfaßt die sogenannte Allgemeinbildung des Kindes jener Zeit in drei Textbänden im philantropischen Sinn dargestellt. Dazu gibt es drei Bände mit Bildtafeln, die von Daniel Chodowiecki oder unter seiner Leitung gezeichnet und gestochen wurden. Es sind entzückende Darstellungen, die die Kinder in Kleidern, die sich kaum von denen der Erwachsenen unterscheiden, beim Blinde-Kuh-Spiel, dem Federball oder anderen Spielarten zeigen. Es gibt aber auch weniger amüsante Dinge zu sehen, wie ein an einer Kette geführter Galeerensklave, der zum Schiff gebracht wird. Drollig anzusehen sind die drei kleinen Kavaliere mit gepuderten Zöpfen, die sich in Ehrerbietung vor dem Vater verneigen und damit doch jene breite Kluft andeuten, die zwischen Kind und Erwachsenen in den meisten Familien herrschte.

Eine andere Kostbarkeit des Kinderbuchsammlers aus dieser Zeit ist das ›Bilderbuch für Kinder, enthaltend eine angenehme Sammlung von Tieren, Früchten, Mineralien, Trachten und allerlei anderen unterrichtenden Gegenständen aus dem Reiche der Natur, der Künste und Wissenschaften‹ von Friedrich Justin Bertuch. Der weitschweifige Titel gibt Aufschluß über den Inhalt. Die Tafeln enthalten Kupferstiche, die in den feinsten Farben ausgemalt sind und zu den schönsten Darstellungen gehören, die es auf dem Gebiet des Kinderbuches gibt. Die drei genannten Bücher sind Beispiele für eine Gattung von Lehr-und Kinderbuch in einem. Ihre Illustration ist prägnant auf die einzelnen zu erklärenden Begriffe oder Begebenheiten gerichtet. Es fehlt das schmückende Beiwerk, das die Phantasie des Kindes von der Hauptsache ablenkt. Diese Art der Illustration findet sich in ausgeprägter Form wieder in dem heutigen Sachbuch für Kinder.

Das 19. Jahrhundert trennt das Lehr- und Kinderbuch endgültig. Es bleibt wohl der moralisierende und belehrende Ton, aber es sind keine Stoffe mehr, die dem Kind vermittelt werden, sondern Geschichten. Das klassische Beispiel dafür ist der beliebte ›Struwwelpeter‹ des Frankfurter Arztes Heinrich Hoffmann. Er schrieb und zeichnete dieses Büchlein selbst für seine Kinder, da er kein geeignetes Buch im Handel finden konnte. Wie sehr er den Nagel auf den Kopf traf, beweist die Unverwüstlichkeit des Suppenkaspers, des Zappelphilipps, der Pauline oder des bösen Friedrichs. Aus unserer heutigen Sicht gelang Hoffmann eine der ersten Bildgeschichten für Kinder; denn es sind in erster Linie die Figuren, die sich einprägen und dann erst der Text. Die genialsten Nachfolger des ›Struwwelpeters‹ wurden ›Max und Moritz‹. Wilhelm Busch, einer der größten deutschen Zeichner, gab sie 1865 heraus. Seitdem sind die Witwe Bolte, der Lehrer Lämpel oder der Onkel Fritz Figuren der Weltliteratur. Das Büchlein wurde in 30 Sprachen übersetzt und erlebte Millionen-Auflagen.

Die Bildgeschichte ist in der Form des Bilderbogens eine Erscheinung des 18. Jahrhunderts, die weniger das Kind als den Erwachsenen anspricht. Im völligen Gegensatz zu den glanzvollen Kupferstichfolgen der Hauptstadt Paris entstanden in Epinal primitive Holzschnittfolgen, die die trivialsten Geschichten aus dem täglichen Leben und der volkstümlichen Überlieferung in kolorierten Bilderbögen darstellten. Diese Bilderbögen fanden weite Verbreitung über Frankreich hinaus; sie wurden gelesen, auch aufbewahrt und an die Wand geheftet. Es war ein billiges Vergnügen, das sich auch der wenig Begüterte leisten konnte. Die Druckerei J. Ch. Pellerin in Epinal ist die bekannteste Lieferantin der Bildgeschichten. In Deutschland sind die Neuruppiner Bilderbogen am weitesten verbreitet. Die Tradition wurde im 19. Jahrhundert von den Münchener Bilderbogen wiederaufgenommen, an denen berühmte Schriftsteller und Künstler wie Graf Pocci, Moritz von Schwind oder Wilhelm Busch mitgearbeitet haben. Das Thema Bildgeschichte läßt sich zurück über die ›Biblia pauperum‹ oder die römische Trajanssäule bis zu den Ägyptern verfolgen. In unserer Zeit vertreten die comic books in großer Auswahl mehr oder weniger geistvoll die Bildgeschichte.[45]

Eine andere Literatur- und Illustrationsgattung sind die Volksmärchen, deren erste Sammlungen im 18. Jahrhundert erschienen. Im Jahre 1697 wurden die französischen Volksmärchen zuerst unter dem Titel ›Contes. Avec des moralitez‹ gedruckt. Den gleichen Titel trug die Ausgabe, die 1707 mit dem Druckvermerk Paris, veuve Barbin, herauskam. Charles Perrault hatte diese Märchen gesammelt, sie aber unter dem Namen seines Sohnes erscheinen lassen. Am bekanntesten sind seine Märchen unter dem Titel ›Contes de ma mère l'Oye‹, Erzählungen des Gänsemütterchens. Lange vor Perrault stellte Giambattista Basile die italienischen Volksmärchen zusammen. Die ersten deutschen sammelte Johann Karl August Musäus in Weimar. Die erste Ausgabe seiner Märchen erschien 1782—87. Er hatte einen großen Teil dieser Geschichten aus der mündlichen Überlieferung aufgeschrieben, viele Erzählungen aber auch aus anderen Ländern übernommen. Musäus schrieb seine Märchen mit leichtem Spott im Bezug auf die Zeitverhältnisse. Die Helden der Volkssage, Dietrich von Bern, Hildebrand und Siegfried, treten bei ihm stark hervor. Die Märchen aus ›Tausendundeiner Nacht‹ wurden von dem französischen Diplomaten Anton Galland nach Europa gebracht und zum ersten Mal in Druck gegeben. Sie haben mit ihrem orientalischen Pomp, der Feen- und Zauberwelt die Märchen der Völker stark beeinflußt. Alle diese Märchensammlungen haben auf den großen Märchenerzähler Hans Christian Andersen, auch auf Bechstein, Hauff und die Brüder Grimm eingewirkt. Die erste Ausgabe der ›Kinder- und Hausmärchen‹ der Brüder Grimm wurde in zwei Bänden 1812—14 gedruckt. Beide Brüder, vor allem Jakob, gelten als Begründer der Germanistik. Ihre Märchen sammelten sie aus den Erzählungen des Volkes. Sie ließen sie auch weitgehend in dem einfachen Ton der Volkssprache, ohne sie in den Bereich des sogenannten Kunstmärchens zu ziehen, wie es Clemens Brentano tat. Im Märchenstoff sahen die Brüder Grimm einen starken Zusammenhang mit der Mythologie. Das Grundprinzip aller Märchen, ob sie für Kinder oder Erwachsene bestimmt sind,

[45] Hürlimann, S. 118 ff.

ist die Erzählung.[46] Kein anderer Stoff eignet sich so gut für die Illustration wie das Märchen. So sind sie denn auch immer von allen Künstlern illustriert worden. Die Märchen zählen nicht zur Kinderbuchliteratur, sie gehören zur allgemeinen Literatur, obwohl sie vielfach umgestaltet zur beliebten Kinderliteratur wurden. Die Illustration der Märchen war im 18. Jahrhundert spärlich. Gewöhnlich waren es Titelkupfer oder wenige Vignetten, die auf den Text Bezug nahmen. Die eigentliche Märchenillustration beginnt in der Zeit der Romantik.

Der Kupferstich erfreute sich auch in Deutschland großer Beliebtheit. Er hatte den Holzschnitt zurückgedrängt. Am besten läßt sich die Entwicklung übersehen, wenn man sie dem deutschen Staatsgefüge entsprechend regional betrachtet.[47] Eine einmalige Glanzzeit der graphischen Kunst und der mit ihr zusammenhängenden Verfahren wie in Frankreich gibt es in Deutschland nicht. Das französische Vorbild wird fleißig nachgeahmt und die Verbindung nach Paris, vor allem über Georg Wille, aufrecht gehalten. Der Zeitstil des ausgehenden Barock und des Rokoko kommt überall zum Ausdruck. Die Formen der Arabeske und Rocaille beherrschen über Jahrzehnte das Bild. Hagedorn, Gleim, die Dichter der Anakreontik, Gellert, Klopstock sind die Literaten der einen Seite des Jahrhunderts und ihre Schriften sind mit vielen Vignetten, Schlußstücken und Kupfern geschmückt. Die andere Seite ist das aufklärerische Schrifttum und die Klassik. Wieland, Goethe, Schiller sind Kinder ihrer Zeit. Die zweite Hälfte des Jahrhunderts ist den Deutschen kongenialer, so liegen auch hier die bedeutenderen Arbeiten.

Wenn man nach Schwerpunkten sucht im deutschen Kupferstich, so sind ohne Zweifel Nürnberg und Augsburg hervorzuheben. Die Literatur, die illustriert wurde, hat zum größten Teil religiösen Charakter. Man arbeitete viel nach Vorbildern, wohl mit technischem Können, aber ohne große künstlerische Intension. Zwei Bibelaus-

[46] Ilse Bang: Die Entwicklung der deutschen Märchenillustration. München 1944.

[47] Arthur Rümann: Die illustrierten deutschen Bücher des 18. Jahrhunderts. Stuttgart 1927.

gaben ragen aus der Augsburger Produktion hervor. Johann Melchior Krauss gab eine Bilderbibel in fünf Teilen heraus, zu denen er jeweils Titel, Frontispize und 135 Tafeln im Kupferstich anfertigte. Die erste Auflage erschien 1698—1700, zwei weitere 1700 und 1705. Der Aufbau der Kupfertafeln ist typisch für die barocke Dekorationskunst. Biblische Darstellungen wechseln mit Bildern aus der Antike, alles gefaßt in Medaillons aus den Formen der Arabeske und Rocaille. Als Vorbild diente der Franzose Jean Leclerc. Andere Titel der Krausschen Produktion sind ›Biblisches Engel- und Kunst-Werk‹ oder ›Heilige Augen und Gemüths-Lust‹. Das zweite große Bibelwerk ist die ›Physica Sacra‹, eine großangelegte Bibelbearbeitung in vier Bänden von Johann Jakob Scheuchzer, die 1731—35 von Johann Andreas Pfeffel zu Augsburg verlegt und von Christian Ulrich Wagner in Ulm gedruckt wurde. Scheuchzers Interessen lagen auf naturwissenschaftlichem Gebiet. So verstand er es, diese Dinge hervorzuheben, die wiederum von dem Zeichner — es war der Schweizer Johann Melchior Füssli — mit besonderem Eifer dargestellt wurden. Interessant ist die Vielzahl von Kupferstechern, die die 759 Zeichnungen gestochen haben. Sie kamen von Nürnberg und Augsburg. Die künstlerische Wertschätzung der Illustrationen ist deshalb sehr unterschiedlich. Neben den Bibelausgaben erschien in Augsburg viel religiöse Erbauungsliteratur mit einer großen Anzahl von Andachtsbüchern. In der Porträtkunst tritt Johann Jakob Haid mit seinen Bildnis-Sammlungen, zum Beispiel dem ›Ehrentempel der deutschen Gelehrsamkeit‹ von Johann Jakob Brucker hervor. Eine andere Literaturgattung sind die Bilder aus den Bereichen der Jagd und der Reitkunst, die Johann Elias Ridinger zeichnete und stach. Diese Bücher sind heute vielfach zerlegt und werden als Einzelgraphiken verkauft. Die Darstellungen sind recht reizvoll, dekorativ und technisch einwandfrei. Das Urteil Hausensteins, daß sie gerade für eine Treppenhausdekoration taugen, ist subjektiv und in der Befangenheit zur französischen Illustrationskunst zu sehen. Ridinger war Direktor der Augsburger Stadt-Zeichnungs-Akademie. Es war in vielen Orten üblich, für die freien Künste eine Schule einzurichten, die zwar meistens kümmerlich dahinvegetierte, soweit es ihre finanzielle Ausstattung betraf, aber doch das Bildungswesen auf eine breitere Ebene anhob.

In Nürnberg gab es ebenfalls eine Kunstschule, deren Direktor der Kupferstecher Johann Daniel Preissler war. Preissler hatte drei Söhne, alle Zeichner und Stecher. Johann Martin Preissler illustrierte die ›Geschichte der Könige von Dänemark‹, die von Johann Heinrich Schlegel herausgegeben wurde. Im übrigen lieferten die Preisslers Kupfer für die Tagesliteratur. Martin Tyroffs Name findet sich oft auf Kupfern, Exlibris etc. Er arbeitete auch an der Scheuchzer-Bibel mit. Im übrigen arbeiten neben der Familie Weigel noch verschiedene Kupferstecher in Nürnberg, deren Bedeutung für die Buchillustration nicht über das übliche Mittelmaß hinausgeht.

Der Siebenjährige Krieg hatte in Sachsen sehr viel Schaden angerichtet, so daß das Kunstleben stark beeinträchtigt wurde. Erst nach Beendigung des Krieges konnten in Dresden und Leipzig neue Wege beschritten werden. In Leipzig wurde eine Kunstakademie errichtet, deren Direktor Adam Friedrich Oeser einen guten Namen hatte. Er kam als Schüler von Raphael Donner aus Wien und verbrachte die erste Zeit im Kreise Winckelmanns in Dresden. Hier beschäftigte man sich mit der Antike, „das Land der Griechen mit der Seele" suchend. Oeser liebte das klassische Griechenland, aber er vermochte diese Neigung mit der Gegenwart seines Jahrhunderts zu verbinden. Er verstand es, den liebenswürdigen Charme des Rokokos in seinen Kupfern, Vignetten und Zierstücken zu vermitteln. In Leipzig wandte er sich ganz den graphischen Künsten zu, wobei es sicher eine Rolle spielte, daß Leipzig als Stadt der Buchmessen für die Buchillustration sehr viel Anregung bot. Eine seiner besten Arbeiten aus der ersten Leipziger Zeit sind die Illustrationen zu Lesages ›Gil Blas‹ von 1756. Oeser zeichnete und stach selbst, aber mit den zunehmenden Aufträgen besorgte den Stich meistens Christian Gottlieb Geyser. Oesers Illustrationswerk ist sehr umfangreich, ob es für Winckelmann, Kotzebue oder die zahlreichen Werke Wielands war, es bedeutete immer eine künstlerische Bereicherung. Er war ein angesehenes und beliebtes Mitglied der Leipziger Gesellschaft, und Goethe war noch in späteren Jahren stolz darauf, daß er bei ihm Zeichenunterricht gehabt hatte.

Aus dem Kreis der übrigen Leipziger Kupferstecher haben u. a. die Familien Bernigeroth und Crusius für das Buch gearbeitet. Der Name Bernigeroth findet sich mehrmals in Werken Gottscheds. Mit dem

Namen Crusius verbinden sich u.a. ›Der Kinderfreund‹ und das ›A-B-C-Buch‹ von Christian Felix Weisse. Gottfried Leberecht Crusius war in Paris gewesen und hatte etwas von dem Liebreiz des Rokoko in seine Kupfer und Vignetten eingefangen. Wenn man die Residenzstädte des Jahrhunderts durchwandert, so findet sich fast überall das gleiche Schema. Eine Anzahl Kupferstecher, deren Kunst nicht über das Mittelmaß hinausreicht. Dann sehr oft eine Kunstschule, deren Lehrer ein gewissenhaftes Können vermitteln. An erster Stelle jedoch steht der fürstliche Hof, dessen Kupferstecher unbedingt in Paris gelernt haben muß, um à la mode zu sein. So war es in Hannover der Hofmaler Johann Heinrich Ramberg (1763—1840), der bis zum Ende seines Lebens, auch als die Romantik längst ihren Einzug gehalten hatte, dem Rokokostil treu blieb und unter vielem anderen besonders Almanache illustrierte. Darunter fallen zahlreiche Erstdrucke von Schillers Werken wie ›Maria Stuart‹, ›Wilhelm Tell‹, die ›Räuber‹ etc., die in diesen Almanachen erschienen. Ramberg arbeitete eng mit dem Verleger Göschen zusammen, der sowohl Schiller als auch Goethe verlegte. Im Almanach ›Minerva‹ erschien auch Goethes ›Faust‹ zum ersten Male. Ramberg ist also ein Illustrator, der mit und für die großen Dichter arbeitete. Die Titelkupfer zu Wielands Werken, die bei Göschen 1794—1802 verlegt wurden, gehören zu den anerkanntesten Arbeiten Rambergs. Am Mannheimer Hof ist Egid Verhelst tätig. Seine Buchillustrationen sind meistens Nachstiche. Ein weiterer Kupferstecher ist Friedrich oder Maler Müller. Der Mainzer Hof hatte seinen Kupferstecher in Nicolaus Person, der auch einen Atlas für das Kurfürstentum Mainz herausbrachte. Beispiele lassen sich ebenso von anderen Fürstenhöfen nennen, den Vorrang hatte Berlin.

Die Vorliebe Friedrichs II. für die französische Kultur ließ sich auch in seiner Bibliothek verfolgen. Schon als Kronprinz bezog er, sehr zum Mißfallen seines Vaters, Literatur aus Paris. Als er dann selbst schriftstellerisch tätig wurde, erhielten seine Werke selbstverständlich die Kupfer nach dem Zeitgeschmack. Sein bevorzugter Kupferstecher war Georg Friedrich Schmidt. Dieser war auf der Wanderschaft nach Paris mit Georg Wille zusammengetroffen und beide machten dort ihren Weg. Schmidt galt als guter Porträtstecher. Sein Können sprach sich bis Berlin herum, und so holte man ihn an die Berliner Akademie. 1750 illustrierte er die drei Bände der ›Oeuvres du philosophe de Sans-Souci‹. Diesem Auftrag des Königs folgten noch mehrere. In Berlin gab es andere Kupferstecher, die herausragenden Künstler waren Johann Wilhelm Meil und Daniel Chodowiecki. Aber auch Bernhard Rode gehörte zu den angesehenen Illustratoren. Er zeichnete 101 Kupfertafeln zu Johann Mathias Schröckhs ›Allgemeiner Weltgeschichte für Kinder‹, die 1783—95 erschien. Die Stecherarbeiten wurden von verschiedenen Künstlern, darunter auch Meil, ausgeführt.

Johann Wilhelm Meil kam von Bayreuth nach Berlin. Er arbeitete zunächst bei den Brüdern Hoppenhaupt, die als Dekorateure für Friedrich II. arbeiteten. Durch diese Verbindung kam er zu Lessing und lieferte zu dessen Schriften von 1753—55 mehrere Kupfer, teils nach Entwürfen von Hoppenhaupt und teils nach eigenen Zeichnungen. Nachdem der Anfang gemacht war, nahmen die Aufträge für Buchillustrationen beständig zu. In seinen Darstellungen nahm die Landschaft einen charakteristischen Platz ein, sein Stil ist weicher als der von Chodowiecki. Zahlreich sind auch die Kupferstiche für die beliebten Almanache und Taschenbücher der Zeit. Nach Chodowieckis Tod wurde Meil Direktor der Berliner Akademie.

Die deutsche Buchillustration verbindet sich in erster Linie mit dem Namen Chodowiecki. In seinen nüchternen Darstellungen der meist kleinen Kupfer sind die Physiognomien der Gesichter hervorragend, in allem Beiwerk ist er diszipliniert und sparsam wie die allenthalben propagierte preußische Lebensart. Daniel Chodowiecki (1726—1801) war der Sohn eines Kornhändlers aus Danzig. Seine künstlerische Laufbahn begann in Berlin mit dem Auftrag der Akademie, die Kupfer für den ›Berliner Genealogischen Kalender‹ von 1769, die bisher von Bernhard Rode gestaltet wurden, neu zu zeichnen. Großes Aufsehen erregten die Stiche zu Lessings ›Minna von Barnhelm‹, die er für den nächsten Jahrgang des Kalenders als Monatsbilder schuf. Hier zeigt sich gleich ein Problem, dem die feinen Kupferstiche im allgemeinen ausgesetzt waren. Chodowieckis Kupfer fanden nur für die französische Ausgabe des Kalenders Verwendung, die deutsche Ausgabe versah er bereits mit neuen Stichen, und spätere Ausgaben wurden mit Nachstichen von Daniel Berger versehen. Das ist ein gutes Beispiel für die verbreitete Manier des Nachstichs, die notwendig war, weil die Kupferplatten den vielen Abdrucken, die die hohen Auflagen der Kalender benötigten, nicht standhielten. Es ist deshalb in vielen Fällen schwierig, die Originalkupfer festzustellen. Chodowieckis Laufbahn vollzog sich unter großer Anerkennung und beständigem Erfolg, bis er als Akademie-Direktor 1801 starb. Er hat ein großes Illustrationswerk hinterlassen. Seine mit Liebe, großer Kunstfertigkeit und ohne Pathos gezeichneten Interieurs heben ihn aus der Klasse der Stecher hervor. Sein Stil hat manchen Kupferstecher beeinflußt. Werthers Lotte, aus den ›Leiden des jungen Werthers‹ von Goethe, personifiziert sich bis heute mit dem kleinen Kupfer der jungen Frau, die für ihre um sie stehenden Geschwister Brot schneidet. Eine solche Darstellung ist perfekte Illustrationskunst. Chodowiecki versuchte sich an vielen Themen der Weltliteratur, die er oft ohne Text im ›Genealogischen Kalender‹ abdrucken ließ. Darunter waren Don Quijote, der Landprediger von Wakefield, Bilder aus Rousseau, Voltaire und vielen anderen. Arthur Rümann, der beste Kenner der Buchillustration des 18. und 19. Jahrhunderts, bezeichnet die 24 Kupfer zu Richardsons ›Clarisse‹, die Chodowiecki mit Erläuterungen von L. T. Kosegarten in einer eigenen Ausgabe, Leipzig: Heinrich Gräff 1796, herausbrachte, als seine besten Illustrationen.

Die Kunst des glücklichen Lebens im Sinn des ausgehenden 18. Jahrhunderts verstand der Züricher Salomon Gessner. Er war in der Atmosphäre seiner elterlichen Verlagsbuchhandlung aufgewachsen und mit den Literaten seiner Zeit wohlvertraut. Sein Vater schickte ihn als Lehrling in die Spenersche Buchhandlung nach Berlin. Das kaufmännische Milieu behagte dem jungen Gessner keineswegs, und er wandte sich den graphischen Künsten zu. Er malte, radierte und ließ sich im Kupferstechen unterweisen. Nach Zürich zurückgekehrt, lebte er nur diesen Neigungen, zu denen sich nun noch die Schriftstellerei gesellte. Gessner wurde der Dichter der Idyllen. Das verklärte Leben in der Natur, Rosengirlanden und spielende Putten sind die Sujets seiner Zeichnungen. Er illustrierte seine Werke selbst.

Zusammenfassend kann man über den deutschsprachigen Raum sagen, daß alles, was in Paris modern war, um einige Jahre später in die übrigen Residenzen des Kontinents gelangte und dort nachgeahmt wurde. Glücklicherweise war es nicht immer ein einfaches Kopieren des französischen Stils, sondern sehr oft auch Eigenständigkeit wie bei Chodowiecki. Selbst Ramberg, der dem Rokoko stark verbunden war, löste sich beispielsweise in seinen ›Till-Eulenspiegel‹-Illustrationen (Hannover 1827) und fand, wenn auch unter englischem Einfluß, zu eigener Aussage. Im allgemeinen war die Graphik im Vergleich zu Frankreich bieder und konventionell. Es fehlte der großzügige Charme in der Darstellung. Das moralisierende Element trat viel stärker hervor.

DAS 19. JAHRHUNDERT

Das Dixhuitième ist an der Jahrhundertwende endgültig zu Ende. Die Französische Revolution greift auf die anderen Staaten über; Freiheit, Gleichheit und Brüderlichkeit heißt die Parole, die die Menschen aufrüttelt. Der politische Wechsel vollzieht sich in Frankreich durch Schrecken und Krieg. Auch Deutschland wird in die Wirren mit hineingezogen. Zu der Belagerung von Mainz[48] 1793 konnte Goethe noch eine fast idyllische Kriegsschilderung geben, während zwei Jahrzehnte später die Völkerschlacht bei Leipzig der Epoche ein grausames Ende setzte. In der nun folgenden politisch und geistig unruhigen Zeit entfaltet sich in aller Beschaulichkeit eine bürgerliche Kultur, die halb liebevoll, halb spöttisch das Biedermeier genannt wird. Wieder einmal ändert sich das äußere Bild des Menschen in der Kleidung und den Gewohnheiten. Das Höfische tritt zurück. Kunst und Literatur erleben eine große Vielfalt. Den Klassikern Goethe und Schiller sind die Romantiker Tieck, Brentano, Hölderlin gefolgt. Es gibt aber auch den politischen Sarkasmus Heinrich Heines und die aufwühlende Dramatik Georg Büchners.

In der Buchillustration[49] lassen sich diese vielfältigen Geistesströmungen nur bedingt ablesen, da sich die Tendenz durchgesetzt hat, nur Bücher zu illustrieren, die sich durch ihr erzählendes Element oder eine darstellbare Dramatik auszeichnen. Ein Lieblingskind des Jahrhunderts ist die politische Karikatur, die in vielen Zeitschriften ihren Platz hat. Das Jahr 1848 ist ein Wendepunkt. Die Träume des politischen Bürgertums finden ein vorläufiges Ende in den Parlamenten, die das Volk verkörpern sollen. So tritt auf allen Gebieten eine gewisse

[48] Hanns Gaab zeichnete sehr feine Illustrationen zu einer Ausgabe der Belagerung von Mainz, die 1961 bei der Eggebrecht-Presse in Mainz erschien.

[49] Arthur Rümann: Das illustrierte Buch des 19. Jh. in England, Frankreich u. Deutschland, 1790—1860. Leipzig 1930.

Ruhe ein. Die zweite Hälfte des Jahrhunderts hat keine überragenden Ereignisse in Kunst und Literatur aufzuweisen. Im Buch beginnt sich der Fortschritt der graphischen Techniken bemerkbar zu machen. Zwei Illustrationsverfahren leiten das neue Jahrhundert ein, Holzschnitt und Lithographie oder Steindruck.

Die Technik des Holzschnittes ist im Grunde die alte geblieben. Die Bestrebungen des Engländers Thomas Bewick, den Hirnholzschnitt populär zu machen, haben nur langsam Verbreitung gefunden, weil die politischen Verhältnisse — die Kontinentalsperre riegelte England gegen das Festland ab — es nicht zuließen. Berlin war im 19. Jahrhundert führend im Holzschnitt. Die bekannte Druckerfamilie Unger hatte schon in der zweiten Hälfte des 18. Jahrhunderts mit seiner Wiederbelebung begonnen. Johann Friedrich Gottlieb Unger führte das Formschneidergeschäft seines Vaters fort. Er hatte darin so eine glückliche Hand, daß er nicht nur Drucker und der Schöpfer einer neuen Fraktur, sondern als Holzschneider Professor der Berliner Akademie war und damit der Gründer einer angesehenen Schule. Wilhelm Gubitz, Friedrich Ludwig Unzelmann u.a. gehörten zu seinen Schülern. Sein Nachfolger im Amt war Adolph von Menzel, der um 1850 den Holzschnitt in Deutschland wieder auf einen absoluten Höhepunkt brachte. Unger hat auf die Buchillustration keinen Einfluß gehabt. Er war Geschäftsmann, sein Haus verband Druckerei, Verlag und Schriftgießerei. Sein früher Tod hinterließ kein abgeschlossenes Lebenswerk. Wilhelm Gubitz führte Ungers Arbeit fort. Er ist ein guter Illustrator und Lehrer gewesen. In seinem großen Lebenswerk bilden die Illustrationen zu Benkowitz' ›Reise von Glogau nach Sorrent‹ und zu Arndts ›Reisen durch einen Teil Teutschlands, Ungarns etc.‹ den Anfang. Als Herausgeber des ›Deutschen Volkskalenders‹ ab 1834 erfreute er sich großer Beliebtheit.

Eine gewisse Bedeutung unter den Illustrationsverfahren kommt der Umrißzeichnung sowohl im Holzschnitt als auch im Kupferstich zu. Man glaubte in der einfachen Linienführung ohne Ausschmükkung der Flächen große Kunstfertigkeit sehen zu können. Hans Veit Schnorr von Carolsfeld zeichnete Illustrationen zu einer Homer-Ausgabe von 1804. Neben vielen anderen Künstlern, die die Umrißzeichnung bevorzugten, hat vor allem Moritz Retzsch eine ›Faust‹-Ausgabe illustriert, die 1816 bei Cotta in Stuttgart erschien und große Bewunderung hervorrief.

Von höchster Bedeutung in diesem Jahrhundert ist die Erfindung der Lithographie durch Alois Senefelder. Er entstammte einer Schauspielerfamilie und wurde 1771 in Prag geboren. Nach vielen Zwischenstationen ließ sich die Familie in München nieder. Alois studierte Jura, mußte aber durch den frühen Tod seines Vaters das Studium aufgeben. Er versuchte nun auf allerlei Weise, Geld zu verdienen. Der Erfolg eines kleinen Theaterstückes, das er geschrieben hatte, ließ ihn darüber nachdenken, wie man möglichst billig einen solchen Text vervielfältigen könnte. Der Zufall kam ihm zu Hilfe. Er sollte rasch einige Wäschestücke für die Waschfrau notieren. Da kein Papier zur Hand war, schrieb er mit Tinte, die er selbst gemacht hatte, auf eine Solnhofer Schieferplatte. Später kam ihm der Gedanke, diese Platte zu ätzen. Die Überraschung war groß; denn die Schrift blieb erhaben stehen und nahm außerdem noch die Druckerschwärze an, so daß einem Druckvorgang nichts mehr im Wege stand. Bei den ersten Arbeitsgängen zeigte sich, daß der Kernpunkt des Druckvorgangs in der Abstoßung von Fett und Wasser bestand. So nahm Senefelder ein frisch von der Kupferplatte abgezogenes Blatt, druckte es auf einen Stein, übergoß diesen Stein mit einer Gummilösung, ätzte ihn kurz mit Scheidewasser unf färbte ihn mit Druckerschwärze ein. Die Druckerschwärze wurde nur von der Zeichnung aufgenommen, während alle übrigen freien Stellen von der Gummilösung abgedeckt blieben, die die Druckerschwärze nicht annahm. Mit der Hilfe des Hofmusikers Gleißner und des Schulrats Steiner, die beide nach billigen Druckmöglichkeiten suchten, gelang es Senefelder, die Anerkennung der Münchener Akademie zu bekommen. Zwei Verbesserungen waren noch nötig, bevor die Lithographie leistungsfähig wurde. Zuerst baute Senefelder eine Stangenpresse, die im Gegensatz zur Kupferpresse oder der Buchdruckerpresse nur mit einem sogenannten Reiber versehen war, der keinen starken Druck auf die Druckvorlage ausübte, sondern eher durch ein kräftiges Ausstreichen den Abdruck klar und unverschmiert hervorbrachte. Ein weiterer Fortschritt bestand darin, daß man durch einen Umdruck von einem vorhandenen Stück Papier auf den Stein eine Druckplatte herstellen konnte, die weder eine

Hochdruck- noch eine Tiefdruckvorlage erforderte, sondern vom flachen Stein auf das flache Papier übertragen werden konnte. Damit war ein drittes Druckverfahren, der Flachdruck, erfunden, der von der Industrie weiterentwickelt wurde und zum Offsetdruck führte. An die Stelle des Solnhofer Schiefersteins trat die Gummiplatte und schließlich die Metallplatte.

Der Musikalienhändler Johann André aus Offenbach ging mit Senefelder eine Geschäftsverbindung ein. Allerdings hatten seine Bemühungen, den Steindruck für den Kattundruck zu verwenden, nicht den gewünschten Erfolg. Senefelder kehrte nach einigen Offenbacher Jahren, mehreren Reisen nach England und einem Aufenthalt in Wien wieder nach München zurück. Dem Zufall verdankt er seine große Erfindung, die überall Fuß faßte. Den Künstlern bot sich ein neues Ausdrucksmittel. Sie konnten direkt mit einer fetthaltigen Farbe auf den Stein zeichnen, ihn schaben oder ätzen etc. Es wurde der Begriff der Polyautographie geprägt. Das sollte nicht mehr heißen, als daß der Stein für die verschiedensten Verfahren brauchbar war. Senefelder schrieb 1818 ein Lehrbuch des Steindrucks. In Deutschland wurden lithographisch vorwiegend Reproduktionen hergestellt, deren früheste, Randzeichnungen Albrecht Dürers zum Gebetbuch Maximilians, von 1808 waren. Die Gemäldegalerien München und Dresden nutzten die Gelegenheit, ihre Kunstschätze bekannt zu machen. Joseph Kriehuber führte in Wien die Porträtlithographie zum Erfolg. Die künstlerische Lithographie fand ihr eigentliches Debüt in Frankreich. Ein französischer Offizier brachte die Neuigkeit von der neuen Erfindung von München nach Paris. Die Maler Géricault und Delacroix waren die ersten, die das neue Verfahren zum Erfolg führten. In Paris entstand auch das erste vom Stein gedruckte Plakat.

England ist im 19. Jahrhundert den Festlandstaaten überlegen. Die bürgerliche Freiheit, garantiert durch die Verfassung, hatte dort einen größeren Spielraum. Das Aufblühen der Industrie förderte den Wohlstand. In der Buchillustration finden sich weit über dem Durchschnitt stehende Leistungen. Die Umrißzeichnung, ausgeführt in Kupferstich und Holzschnitt, erfährt zu Beginn des Jahrhunderts eine starke Belebung durch John Flaxman. Flaxman war Bildhauer, sein Schönheitsideal suchte er in der Antike. So entstanden Illustrationen zu ›Ilias‹, ›Odyssee‹ und Dantes ›Göttlicher Komödie‹. Flaxmans Begeisterung für die Umrißzeichnung hat viele Künstler beeinflußt. Es gehört ohne Zweifel ein großes zeichnerisches Talent zur Ausführung solcher Illustrationen, die bis in die Gegenwart immer wieder aufgegriffen werden.

Ein Künstler eigener Prägung ist William Blake (1757—1827). Seine Vorbilder sind Michelangelo und Botticelli. Er ist tief religiös und formt seine Figuren aus der Gedankenwelt des Übersinnlichen. Die Ausdrucksfähigkeit seiner Zeichnungen ist vielgestaltig, es wechseln Männer als manieristisch geformte Muskelpakete wie in ›The Grave Poem‹ von Robert Blair mit schmalen langgestreckten Gestalten wie in Edward Young ›The Complaint and the Consolation or Night-Thoughts‹. Sein Kupferstich ist kraftvoll und oft gemischt mit der Kaltnadelradierung. Er beschäftigte sich mit der Zinkätzung und brachte farbige Radierungen heraus. Blake ist ein Künstler, der sich in kein Schema pressen läßt. Er arbeitete besessen und fanatisch, in seinen Schriften legte er seine Weltschauung dar. Das sich ewig suchende und findende, kraftvolle, männliche Element und das liebliche, zarte, weibliche spielen in seinen Gedankengängen eine große Rolle. Aus der Vielzahl seiner Illustrationen sind die zu seinen Epen ›Jerusalem‹ und ›Milton‹ besonders hervorzuheben.

Eine Besonderheit in der englischen Buchkunst sind die sogenannten "coloured books". Es bleibt hierbei dem einzelnen Künstler überlassen, ob er mehrere Holzschnittplatten benutzt und sie später auch noch von Hand ausmalt oder Kupferstiche koloriert. Wichtig ist, daß ein letzter Schliff mit der Hand aufgetragen wird. Es sind sehr hübsch anzusehende Bilder, die so entstehen, aber technisch keine besondere Originalität bezeugen. Vielmehr war es ein Verlagsgeschäft; denn der Verleger ließ die Maler auf diese Weise für sich arbeiten. Der deutsche Rudolf Ackermann nutzte diese Möglichkeiten und brachte allerlei Dinge heraus, darunter auch Reisebeschreibungen. Einer seiner Künstler war Thomas Rowlandson, dem wir die humorvolle Reisebeschreibung des Dr. Syntax zu verdanken haben. Rowlandson ist der beliebteste englische Karikaturist am Anfang des Jahrhunderts. Die Anfänge seiner Kunst liegen jedoch im 18. Jahrhundert, etwa in Henry Fieldings ›Tom Jones‹ von 1791. Die Eigenart seiner Darstellung liegt in einem derben Humor und dem Sinn für das Groteske. Für Ackermann stach er ein Uniformwerk, das er sehr schön kolorierte. Rowlandson arbeitete sowohl für Zeitschriften als auch für Buchausgaben. Es gibt von ihm Illustrationen zum ›Werther‹ und zu den ›Abenteuern des Baron von Münchhausen‹. Die Palette seines Schaffens ist groß. Am bekanntesten wurde die poetische ›Tour of Dr. Syntax‹, eine Reisebeschreibung voller Abenteuer. Die erste Ausgabe erschien mit kolorierten Stichen 1809 im ›Poetical Magazine‹, das Ackermann herausgab. Eine Buchausgabe mit 31 Abbildungen folgte 1812. Ein Nachdruck kam in Frankreich heraus, eine deutsche Ausgabe folgte mit Lithographien von F. E. Rademacher. In England fügte Ackermann noch einen zweiten und dritten Band hinzu. Sogar in einem verkleinerten Format mit neuen Stichen wurde der Erfolg des Buches nochmals 1823 beschworen. Rowlandsons Illustrationen zum Thema ›The English Dance of Death‹ führen in die bürgerliche Welt, der mit großer Eindringlichkeit und einem etwas makabren Humor der Spiegel vorgehalten wird. Das Werk erschien zunächst wieder in einem Magazin und später erst in Buchform. Es wird allgemein üblich, literarische Werke in Fortsetzungsfolgen in den beliebten Magazinen erscheinen zu lassen.

Der Holzschnitt, der in England durch Thomas Bewick eine neue Form gefunden hatte, wurde auch weiterhin angewandt. Aus der Schule Bewicks gingen viele Schüler hervor, von denen hier nur John Thurston und William Harvey genannt werden sollen. Beide Holzschneider waren auch ausgezeichnete Zeichner. Thurston war ein guter Kupferstecher. Harvey liebte besonders Tierdarstellungen. Der interessanteste Künstler der ersten Hälfte des Jahrhunderts ist George Cruikshank. Er erlernte bei seinem Vater das Handwerk. Vater Isaak hatte seinen beiden Söhnen das Talent vererbt, aber George war seinem älteren Bruder Isaak Robert überlegen. Cruikshank wuchs im Judenviertel Londons auf. Seine Vorstellungswelt war bunt, skurril und doch realistisch. Seine Figuren haben oftmals lange, dünne Beine und lange, spitze Nasen. Seinen ersten durchschlagenden Erfolg brachten die Illustrationen zu ›Peter Schlemihl‹ von Adalbert von Chamisso, die 1823 und 1824 in drei Ausgaben erschienen. Cruikshank beherrschte den Stich, die Radierung und den Holzschnitt gleichermaßen gut. Es erschienen Illustrationen zu ›Tom Jones‹, ›Gil Blas‹, ›Don Quijote‹ und vielen zeitgenössischen Romanen und Magazinen. Das Gesamtwerk Cruikshanks umfaßt mehr als 800 Titel. Er war in den Jahren um 1830—40 der absolut beste Illustrator Englands. Unvergänglich sind seine Darstellungen zu den Werken von Charles Dickens. Dickens war der Schriftsteller des englischen Kleinbürgertums. Er war der Erfolgsschriftsteller des Jahrhunderts in England. Die epische Breite seiner Erzählkunst lockte die Illustratoren. Die ersten Bilder entstanden zu ›Sketches by Boz‹, Geschichten aus mehreren Zeitschriften, die zu zwei Bänden zusammengefaßt wurden und 1833—36 erschienen. Cruikshank lieferte hierzu köstliche Radierungen, humorvolle Milieuschilderungen von hoher technischer Qualität. Im nächsten Jahr kam eine neue Serie heraus, die außerdem eine zweite Auflage erlebte, der eine Gesamtausgabe und eine billige Ausgabe folgten. Weiterhin zeichnete er Bilder zu Dickens' ›Oliver Twist‹ und anderen Erzählungen. Seit 1841 scheint seine Verbindung zu Dickens aufgehört zu haben.

Ein anderer Zeichner, Robert Seymour, trat nun in den Vordergrund. Er vermochte es, den Schriftsteller zu den ›Pickwickiern‹ (›Pickwick Papers‹) anzuregen. Seymours Mitarbeit an den in Fortsetzungen erscheinenden Geschichten währte nicht lange, da er sich das Leben nahm. Einen Nachfolger zu finden war nicht einfach. Der Verlag Chapman & Hall fand in Hablot Knight Browne einen ebenbürtigen Künstler. Browne ist bekannt unter dem Pseudonym Phiz. Dikkens war unerschöpflich in seiner Erzählkunst. Seine Geschichten wurden mehrmals aufgelegt. Phiz liebte ebenso den Holzschnitt wie Cruikshank. Es zeigte sich, daß die Verleger immer dann, wenn die Anzahl der Illustrationen groß war, den Holzschnitt verwandten, wie bei ›Nicholas Nickleby‹, zu dem er drei Titelblätter, Initialen und 167 Bilder anfertigte. Es folgten ›David Copperfield‹, ›Bleak House‹, ›Little Dorrit‹ und vieles mehr. Phiz illustrierte zehn Hauptwerke von Dikkens. Er arbeitete auch für andere Schriftsteller und für Magazine. Der dritte Dickens-Illustrator, der hervorgehoben werden muß, ist John Leech. Seine Mitarbeit begann 1843 mit ›A Christmas Carol‹. Die Arbeiten von Leech waren etwas nüchterner. Es fehlte ihnen an Turbulenz. Seine Stärke war der Holzschnitt. Gute Bilder zeichnete er auch für den ›Punch‹. Die Anzahl der Illustratoren, die für Dickens gearbeitet hat, ist groß; es sind mehr als zwanzig Künstler.

Der Höhepunkt der englischen Buchillustration ist mit den Dickens-Illustratoren überschritten. Man versuchte sich wieder an anderen Dingen und Richtungen zu orientieren. Als Beispiel seien Dante Gabriel Rossetti und Everett Millais, die Vorläufer der Präraffaeliten, genannt. Diese Gruppe — sie wurde in England als die "Sixties" bezeichnet — wandte sich bewußt gegen die Dickens-Illustratoren, die sie als kleinbürgerlich-spießig abtaten. Es waren verschiedene Welten, zwischen denen es kaum Verständigung geben konnte. Die "Sixties" suchten das Erhabene. Sie schlossen sich in ihrer religiösen Empfindsamkeit Blake an. Das Interesse an der Vergangenheit in Form von Historienmalerei und Darstellungen aus der Welt der Sagen spielten bei ihnen eine große Rolle. Zu ihren Illustrationen verwandten sie gern den Holzschnitt und den Stahlstich. Illustrationen finden sich u. a. in einer Tennyson-Ausgabe von 1857. Die Zeitschrift ›Once a Week‹ wurde von den Sixties herausgegeben.

Wenn man nach einer Gemeinsamkeit der englischen und französischen Illustration des Jahrhunderts sucht, so wird man sie bei der Zeitschriftenillustration finden. Diese Zeitschriften sind literarische Magazine. Sie enthalten zahlreiche Neuerscheinungen in Fortsetzungen und sind mit unseren heutigen Illustrierten nicht zu vergleichen. Daneben gibt es das politische Journal mit seinen beliebten Karikaturen. Die englischen Illustratoren der ersten Hälfte des Jahrhunderts arbeiteten fast ausnahmslos auch für Magazine, und manche Darstellung erschien zunächst hier, bevor sie in Buchform auf den Markt kam. Aus der Fülle der Zeitschriften seien ›Sharps Magazine‹, ›The Illustrated Family Journal‹, ›The Mirror‹, ›The Punch‹ und die ›Illustrated London News‹ erwähnt. In Frankreich stellen sich ›Caricature‹ und ›Le Charivari‹ an die Seite ihrer englischen Zeitgenossen.

Die französische Buchillustration gruppiert sich sozusagen um drei Höhepunkte. Da ist am Anfang der Maler Delacroix, dann sind die erwähnten Zeitschriften mit ihren Künstlern Gigoux, Daumier, Gavarni, Grandville, und am Ende der Epoche ist Gustave Doré zu nennen. Die politischen Verhältnisse in Frankreich wechseln in dieser Zeit vom Kaiserreich Napoleons I. zur Republik und wieder zum

Kaiserreich Napoleons III. Für die Illustratoren hatte das vor allem in der politischen Karikatur Konsequenzen. So mußte die ›Caricature‹ 1835 ihr Erscheinen einstellen, da sie stark unter republikanischem Einfluß stand und die sogenannten Septembergesetze Louis Philippes die politische Karikatur verboten hatten. Allerdings konnte die Zeitschrift von 1838 bis 1842 wieder erscheinen.

Die Alleinherrschaft des Kupferstichs in Frankreich war zu Beginn des Jahrhunderts endgültig gebrochen. Man besann sich hier wie in anderen Ländern wieder auf den Holzschnitt. Nur wurde es üblich, daß Holzschneider die Zeichnungen auf den Holzstock übertrugen und nicht die Künstler selbst. Die Holzschneider stehen gewöhnlich unter der Aufsicht des Verlegers. Wenn es sich um größere Werke handelte, war eine ganze Anzahl von Holzschneidern beschäftigt, was den Illustrationen Vor- und Nachteile bringen konnte. In Frankreich beschäftigte man oft Engländer. Eines der wichtigsten Holzschnittbücher der neuen Bewegung ist eine Ausgabe des ›Gil Blas‹ von Lesage, die 1835 von dem Verlag Paulin in Paris herausgebracht wurde. Jean Gigoux illustrierte dieses Buch. Er selbst schrieb, daß er wohl sechshundert Zeichnungen gemacht habe (Rümann S. 125). Das Buch erschien in Lieferungen und fand großen Absatz, so daß im nächsten Jahr eine zweite Auflage gemacht werden konnte und später noch ein Nachdruck der ersten Auflage. Gigoux war ein guter Zeichner. Er hatte einen leichten Strich und liebte das Licht, die helle Fläche in seinen Darstellungen. Im gleichen Jahr kamen bei dem gleichen Verleger, der allerdings wenig Wert auf den Druck seiner Bücher legte, die Werke Molières mit Illustrationen von Tony Johannot heraus. Auch diese Bände tragen durch die Qualität ihrer Abbildungen ein eigenes Gesicht. Johannot war in Offenbach am Main geboren, hatte aber im Geburtsland seiner Eltern Karriere gemacht und durch den großen Bibliophilen Charles Nodier Unterstützung gefunden. Johannot liebte die Holzschnitt-Vignette. Man bezeichnet ihn gern als Hauptvertreter der Vignettes romantiques. Diese Vignetten finden sich nur auf der Titel- oder Umschlagseite einer Gruppe von Büchern, die sonst auf alle Illustrationen verzichtet. Johannot war einer der beschäftigtsten Illustratoren seiner Zeit. Er arbeitete auch an der berühmten Ausgabe von ›Paul et Virginie‹ von Bernardin de Saint-Pierre mit, die der Verleger Curmer drucken ließ. Dieses Buch wurde in seiner Harmonie von Illustration und Satz Wegweiser für viele andere, die sich wieder für die Einheit von Schrift und Bild entschieden. Mehrere Zeichner erarbeiteten die Bilder, die von mehreren Holzschneidern geschnitten wurden.

Das äußere Bild des illustrierten Buches hat sich geändert, man liebt die Einfassung des Textes durch Randleisten, in denen eine Fülle von figürlichen und landschaftlichen Darstellungen erscheinen. Der Text ist oft in zwei Kolumnen gedruckt, so daß der Eindruck einer Prachtausgabe entsteht. Das Interesse für die Gotik zeigt sich in vielen architektonischen Darstellungen, die die Reisebeschreibungen schmücken. Das Historische zieht auch die französischen Künstler an, wie in England und Deutschland. Selbst das Heldenbuch findet wieder Interessenten. Eine Besonderheit der Zeit sind die Uniformwerke, die oft in fein kolorierten Kupferstichen oder Lithographien erscheinen. In Frankreich sind die Namen Hippolyte Bellangé und Nicolas Toussaint Charlet mit militärischen Darstellungen verbunden. Vor allem gibt es eine ganze Literatur um Napoleon. Die Illustrationen von Horace Vernet zur ›Histoire de l'empereur Napoléon‹, die 1839 in Paris bei Dubochet erschienen sind, haben Adolph von Menzel zu seinen Bildern zur ›Geschichte Friedrichs des Großen‹ von Franz Kugler angeregt.

Der Künstler, an den man bei der französischen Buchillustration des 19. Jahrhunderts zuerst denkt, ist Eugène Delacroix. Er ist Maler und liebt die dramatische Szene. Rubens und Veronese sind seine Vorbilder. Der Lithographie war er sehr zugetan und hat ihr in Frankreich zum Durchbruch verholfen. Als Graphiker suchte er sich dramatische Themen wie ›Hamlet‹, ›Götz von Berlichingen‹ und ›Faust‹. Die Zeichnungen zum ›Faust‹ haben Delacroix als Illustrator berühmt gemacht. Im Jahre 1828 erschien Goethes ›Faust‹ in der französischen Übersetzung von Albert Stapfer in Paris mit siebzehn Lithographien von Delacroix. Es sind fast Bühnenbilder, die hier entstanden sind, stark in der Bewegung und reich an Kostümdarstellungen. Mephisto ist furchterregend, Faust ein schöner Edelmann. Über den Gretchen-Szenen liegt eine gewisse Sentimentalität. Goethes Urteil zu Probedrucken der Illustrationen war skeptisch und anerkennend zugleich, wenn er schrieb:

Beide Blätter sind zwar bloß flüchtige Skizzen, etwas roh behandelt, aber voll Geist, Ausdruck und auf gewaltigen Effekt angelegt. Wahrscheinlich gelingen dem Künstler die übrigen wilden ahnungsvollen und seltsamen Situationen gleichfalls und wenn er sich dem Zärteren auf irgendeine Weise zu fügen versteht, so haben wir ein wundersames, in jenes paradoxe Gedicht harmonisch eingreifendes Kunstwerk nächstens zu erwarten.

Dieses Urteil Goethes erfaßte durchaus die Mentalität des Malers. Die Illustrationen sind Ausdruck ihrer Zeit geblieben.

Zu den Künstlern, die sich um den Herausgeber der ›Caricature‹, Charles Philipon, scharten, gehörte Grandville, mit dem bürgerlichen Namen Jean Ignace Isidore Gérard. Er kam aus der Provinz nach Paris, was ihm seine Kritiker noch in späteren Jahren gern als Nachteil anzukreiden versuchten. Grandville hatte sich zu seinem Vorteil an dem Engländer Rowlandson orientiert. Der Durchbruch seines Talentes kam mit den ›Métamorphoses du jour‹, die 1829 zum ersten Mal als lithographierte Federzeichnungen erschienen. Das Eigenartige an diesen sarkastisch-humorvollen Beschreibungen täglicher Ereignisse waren die Tierköpfe, die auf Menschen gesetzt waren. Der kurze Text zu den einzelnen Blättern stammt von verschiedenen Schriftstellern. Es gab Zustimmung und Ablehnung für Grandville. In den folgenden Jahren erschienen die ›Métamorphoses‹ mehrmals, 1854 zum ersten Mal als Holzschnitte. Auch in Deutschland wurde Grandville eifrig nachgeahmt, wenn man beispielsweise an Wilhelm von Kaulbachs ›Reineke Fuchs‹ denkt, in dem die Tiere Kleider tragen. Unter den von Grandville illustrierten Büchern werden allgemein ›Gullivers Reisen‹ von Jonathan Swift aus dem Jahre 1838 mit 450 Holzschnittvignetten und Lafontaines Fabeln mit 120 ganzseitigen Holzschnitten hervorgehoben.

Der Zeichner des bürgerlichen Lebens in Paris ist Honoré Daumier. Seine Karikaturen, die für viele Zeitschriften entstanden, sind treffend und schonungslos, entbehren aber dennoch nicht eines letztlich wohlmeinenden Humors. Philipon entdeckte den jungen Südfranzosen, der mit seinem Vater nach Paris gekommen war und seinen Lebensunterhalt mühsam verdiente. Als die ›Caricature‹ ihr Erscheinen einstellen mußte, wurde Daumier der bedeutendste Zeichner des ›Charivari‹, einer bürgerlichen Zeitschrift, die ebenfalls von Philipon herausgegeben wurde. Daumiers Name ist mit dem Buch verbunden, aber seine Hauptleistung liegt in der Zeitschriftenillustration und der Karikatur. Köstliche Holzschnittvignetten schuf er für François Fabres ›Nemesis médicale‹, Paris 1840, mit einer weiteren Ausgabe Brüssel 1841, einer Satire auf die Ärzte. Bei Philipon erschien 1840—43 eine Reihe ›Physiologies‹, zu der Daumier hervorragende Darstellungen lieferte. Unter vielen anderen Publikationen zeichnete er auch zusammen mit anderen Kollegen für das große Werk ›Les Français peints par eux-mêmes‹.

Ein anderer Künstler, der ebenfalls für den Charivari arbeitete, ist Gavarni, mit dem wirklichen Namen Guillaume-Sulpice Chevalier. Er ist Pariser und von verbindlicher Lebensart. Seine Figuren sind elegant, sie suchen nicht die Realistik eines Daumier. Gavarni war ein hervorragender Modezeichner. Für die Buchillustration hat er ausgezeichnete Arbeiten geschaffen. Darunter fallen die Illustrationen zu dem Roman ›Peau de chagrin‹ von Balzac oder zu den ›Contes fantastiques‹ von E. T. A. Hoffmann. Eine seiner besten Arbeiten ist die Illustration der ›Physionomies parisiennes‹, einer Sittenschilderung des Pariser Lebens. Hinzu kommen noch zahlreiche andere. Mit dem Aufschwung der Zeitschriften hielt die Qualität der Illustration nicht Schritt. Die künstlerische Zeichnung verschwand zugunsten der Routine-Zeichnung, die auf den Tagesbedarf abgestellt war.

Ein Künstler eigener Prägung war Bertall (1820—82) mit dem Familiennamen Vicomte Albert d' Arnoux. Seine Stärke lag in der Buchillustration. Für die Zeitschriften hat er, was in der damaligen Zeit unumgänglich war, ebenfalls gearbeitet. Bertall war ein ausgezeichneter Kinderbuchillustrator. Er zeichnete wunderschöne Vignetten, die leicht im Strich und geistreich in der Gestaltung waren. Man hat ihn oft mit Ludwig Richter, Franz Pocci und Otto Speckter verglichen. Vielleicht hatte er mit Speckter Gemeinsamkeiten, in der Auffassung seiner Gestalten blieb er Franzose, geistvoll und realistisch: es fehlte ihm die heimelige Art Richters. Im Jahre 1843 erschien in mehreren Lieferungen die Publikation ›Les Omnibus‹ bei Rousset mit 237 Holzschnitten Bertalls. Es folgten u.a. ›Paris dans l'eau‹ bei dem Verleger Hetzel und nach einiger Zeit vom selben Autor Briffault ›Paris à table‹. Von Balzac illustrierte er ›Petites misères de la vie conjugal‹ mit 50 Holzschnitten und 300 Vignetten. Aus der Gruppe der Kindergeschichten sollen ›La Bouillie de la comtesse Berthe‹ von Alexandre Dumas, E. T. A. Hoffmanns ›Nußknacker und Mäusekönig‹, der mit den Holzschnitten Bertalls auch von Teubner in Leipzig herausgebracht wurde, Erwähnung finden. Im Verlag Hachette erschienen 1855 Grimms Märchen und ›La caravane‹ von Wilhelm Hauff. An der Illustration der ›Contes des fées‹ von Perrault, die bei Blanchard herauskamen, hatte er ebenfalls Anteil.

Der dritte Schwerpunkt in der französischen Buchillustration des 19. Jahrhunderts ist das Werk von Gustave Doré. Man nennt Doré gern den letzten Romantiker der französischen Buchillustration. Er wurde in Straßburg geboren und fiel schon als Knabe durch seine Zeichenkunst auf. Als 16jähriger arbeitete er für Philipon und für das ›Journal pour rire‹. Doré stammte aus einem wohlhabenden Bürgerhaus, so daß man ihm die Kenntnis der großen Zeitschriften durchaus zutrauen kann. Vor allem hat er die Alben Rodolphe Toepffers gekannt, eines in Genf lebenden Zeichners, der hauptberuflich Professor für Rhetorik war und ein Schulpensionat unterhielt. Toepffers Geschichten in Bildern waren sehr beliebt und beeinflußten manchen Künstler seiner Zeit. Die Reisen mit seinem Schulpensionat veranlaßten ihn zu zahlreichen Reisebeschreibungen. Seine Aussage, daß man auch mit graphischen Darstellungen Geschichten erzählen könne, paßte gewiß zu Doré. So ist Toepffers Einfluß in den frühen Arbeiten unübersehbar. Nach 1852 beginnen Dorés Buchillustrationen für Rabelais' ›Gargantua et Pantagruel‹, die 1873 nochmals erschienen. Im Jahre 1854 machte er die Zeichnungen für 500 Holzschnitte, die die ›Histoire pittoresque, dramatique et caricaturale de la Sainte-Russie‹ von Brivois schmückten. Dann folgten die Illustrationen zu Balzacs ›Contes drôlatiques‹, und so setzte sich sein Schaffen durch die Jahre fort. Doré war ein begeisterter Illustrator. Er stellte es sich zur Aufgabe, die gesamte Weltliteratur zu illustrieren, jedoch entsprach er diesem Vorhaben nur zu einem Bruchteil. Der Künstler liebte die Musik, spielte selbst vorzüglich Geige und hatte eine schöne Stimme. Auch ließ er sich von der Musik zur Arbeit anregen. Sein gesellschaftliches Leben spielte sich im Kreise bekannter Künstler und Musiker ab. Es ist nicht alles von hoher Qualität, was Doré hinterließ, aber es ist niemals manieristisch. Sehr schöne, ganzseitige Holzschnitte schuf er zur ›Légende du juif errant‹ von Pierre Dupont, die 1856 bei dem Verleger Lévy frères in Paris herauskamen. Mit viel Erfolg illustrierte er die ›Abenteuer des Baron von Münchhausen‹, die ›Contes‹ von Perrault, die Fabeln von Lafontaine und vieles mehr. In Deutschland waren seine Bibelillustrationen sehr verbreitet. Dorés Gesamtwerk stand mit zunehmendem Alter unter einer verflachenden Überproduktion. Er starb als Fünfzigjähriger.

Aus der Fülle der deutschen Illustratoren greifen wir Peter Cornelius heraus und beginnen mit ihm den Rückblick auf die deutsche Romantik. Cornelius war in Düsseldorf aufgewachsen und hatte die dortige Akademie besucht, die der Malerei des 19. Jahrhunderts starke Impulse vermitteln sollte. Der junge Künstler lebte in der Welt Winckelmanns und Raphael Mengs, bis er Sulpiz Boisserée und seine Kunstsammlungen kennenlernte. Hier lernte er Gotik und Renaissance schätzen und vor allem Albrecht Dürer lieben. Cornelius übersiedelte nach Frankfurt und vertiefte sich dort in Goethes ›Faust‹. Die Zeichnungen wurden von dem Verleger Wenner herausgebracht. Cornelius weilte damals schon in Rom, dessen Künstlerkreis ihn stark beeinflußte. Zu den Jahrgängen 1812 und 1817 des ›Taschenbuches der Sagen und Legenden‹ lieferte er Zeichnungen, die in die sogenannte altdeutsche Geisteswelt eindrangen, d.h., daß der Künstler sich die Umwelt Dürers zum Vorbild nahm. Den dritten großen Zyklus erarbeitete er für das ›Nibelungenlied‹. Diese Themen, die Cornelius bekannt gemacht haben, sind Ausdruck ihrer Zeit. Das Heldenhafte, die Rückbesinnung auf die Vergangenheit und das Religiöse begeistern die Künstler, die vielfach in Gruppen auftreten und als solche ihre Prägung finden, wie die Nazarener, zu denen neben Cornelius Friedrich Overbeck und Joseph von Führich gehörten. Der geistige Hintergrund dieser Gruppe waren Tieck, Novalis, Schlegel und Wackenroder mit seinen ›Herzensergießungen eines kunstliebenden Klosterbruders‹. Diese Wende in der Geisteshaltung der Künstler zeigt sich sowohl in der Baukunst als auch in der Malerei. In der Architektur beginnen Neugotik und Neurenaissance ihren Einzug zu halten. Die Vollendung des Kölner Doms und die vielen Schloßbauten der Romantik legen ein beachtliches Zeugnis ab. Die literarischen Stoffe dieser Zeit enthalten so viel Illustrationsmöglichkeiten, daß sie noch im 20. Jahrhundert immer wieder aufgegriffen werden, wenn man an die Geschichte des ›Taugenichts‹ von Joseph von Eichendorff denkt. Die alten Residenzstädte verlieren im allgemeinen an Wirksamkeit. An ihre Stelle treten immer mehr die großen Städte Berlin, München, Wien; von Bedeutung sind aber auch Dresden, Leipzig und Düsseldorf. Die Akademien nehmen überall eine beherrschende Position ein.

Ein führender Vertreter der romantischen Illustration ist Joseph von Führich. An seinen Illustrationswerken läßt sich die neue Literatur ablesen. Da ist Tiecks ›Genovefa‹, Goethes ›Hermann und Dorothea‹, Katharina Emmerichs ›Leben Jesu‹, Thomas a Kempis ›Vier Bücher von der Nachfolge Christi‹ und schließlich neben vielen anderen der ›Arme Heinrich‹ von Hartmann von Aue. Führich arbeitete mit dem Verlag Alphons Dürr in Leipzig zusammen und gab mit ihm große Tafelwerke heraus. Ein ihm geistesverwandter Künstler ist Julius Schnorr von Carolsfeld, der als Illustrator der ›Bilderbibel‹ des Verlages Cotta hervortritt. Vor allem zeichnete er 240 Abbildungen für die Bilder zur Bibel des Verlages Georg Wigand in Leipzig. Diese Bibelausgaben sind heute noch in den Familien erhalten geblieben. Der Bibel als Monumentalwerk gegenüberzustellen ist das ›Nibelungenlied‹, das Schnorr von Carolsfeld ebenfalls illustrierte. Die bedeutendsten Ausgaben des ›Nibelungenliedes‹ brachten die Verleger Otto und Georg Wigand zur Säkularfeier der Buchdruckerkunst 1840 heraus, einmal in der Übertragung von G. O. Marbach und zum andern in der Laßbergschen Fassung. Aus dieser Zeit fallen immer wieder große Prachtausgaben auf, die mit Umrißholzschnitten, Kupferstichen und Lithographien geschmückt sind, meistens aber auch Randleisten im Stil des Dürerschen Gebetbuchs tragen. Julius Hübner und Alfred Rethel haben sie oft illustriert. Ein dritter Künstler, ein gebürtiger Wiener, der über Wien und Rom in Frankfurt seßhaft wurde, ist Eduard Steinle. In der Thematik läßt er sich den vorher erwähnten Künstlern anfügen. Seine Beiträge für den Festkalender von Guido Görres (1835—37) weisen zusammen mit den Lithographien von Kaspar Braun, Cornelius, Dietz, Kaulbach u.a. in eine Richtung, die zur Münchener Renaissance führte. Erwähnenswert ist auch, daß diese Künstler vortreffliche Gelegenheitsgraphik in Kalendern, Einladungen etc. hervorgebracht haben.

Mit dem Namen Moritz von Schwind verbindet sich das künstlerische Leben Münchens. Schwind war gebürtiger Österreicher, ließ sich aber in München nieder. Seine Persönlichkeit steht zwischen der Romantik und der Münchener Renaissance. Er zeichnete ebenso bissige Karikaturen für die ›Fliegenden Blätter‹ wie traute, spießbürgerliche Interieurs. Niemals verließ ihn die liebenswürdige Ausgeglichenheit einer in sich ruhenden Künstlerpersönlichkeit. Er erfaßte die Bilder wieder bis in alle Einzelheiten und erzählte Geschichten. Die Pathetik der Nazarener fiel an ihm ab. Erhalten geblieben sind u.a. seine Wandmalereien in Hohenschwangau und zahlreiche Gemälde. Sein buchillustratorisches Werk ist nicht groß, aber verbreitet, da immer wieder Ausschnitte seiner Zeichnungen in Büchern gebracht wurden, für die sie nicht gemacht waren. In jungen Jahren arbeitete Schwind für den Verleger Josef Trentsensky in Wien an den sogenannten ›Mandlbogen‹. Für eine Ausgabe von ›Tausend und eine Nacht‹, die 1827 in Breslau erschien, zeichnete er 15 Titelblätter. Neben verschiedenen Arbeiten für Taschenbücher finden die Holzschnitte für das Buch von Eduard Duller ›Freund Hein‹ große Beachtung. In der Märchenillustration hat der Künstler ein großes Einfühlungsvermögen bewiesen. Er schuf für die Münchener Bilderbogen von Braun & Schneider den ›Gestiefelten Kater‹ und das Märchen vom Machandelbaum. Zusammen mit anderen Künstlern zeichnete er für die ›Alten und neuen Kinderlieder‹ von Georg Scherer, die Alphons Dürr in Leipzig herausbrachte. Niemand traf den naiven, herzlichen Ausdruck in den Kindergeschichten so gut wie Schwind in seiner versponnenen, romantischen Märchenwelt.

Maler wie Peter Cornelius, Moritz von Schwind oder Wilhelm Kaulbach, die im Vordergrund des Münchener Kunstlebens standen, haben ihre Hauptleistung in der damals modernen Historienmalerei erbracht. Viele der von Ludwig I. in Auftrag gegebenen Wandmalereien sind im Zweiten Weltkrieg zerstört worden. Erstaunlich ist, daß diese Maler der heroischen Szene sich auch mit dem Buch beschäftigten. So hat Eugen Napoleon Neureuther, der zum Kreis der Freskomaler um Cornelius gehörte, für Cotta Randzeichnungen zu Goethes

Balladen und Romanzen gemacht, die große Anerkennung fanden. Neureuther hat u.a. auch ›Götz von Berlichingen‹ illustriert. Hervorgehoben werden im allgemeinen seine Zeichnungen für den ›Cid‹ von Gottfried Herder, der 1838 ebenfalls von Cotta herausgebracht wurde. Neureuther hat viel für den Cotta-Verlag gearbeitet. Ein charakteristisches Buch der Zeit sind die ›Randzeichnungen um Dichtungen der deutschen Classiker‹ vom Jahre 1832. Wilhelm Kaulbachs Name begegnet zusammen mit anderen Künstlern in vielen Büchern. Goethe- und Schiller-Ausgaben illustrierte er für Cotta. Sein wichtigstes Werk waren die Illustrationen zu Goethes ›Reineke Fuchs‹. Das Thema gehört zu einer der beliebtesten Illustrationsaufgaben.

Der Erfolg der französischen und englischen Zeitschriften lockte auch die deutschen Verleger zur Nachahmung. In München entstanden bei Kaspar Braun, der selbst die ersten Kopfleisten zeichnete, die ›Fliegenden Blätter‹. Die Beteiligung der Künstler an dieser Zeitschrift war groß. Als ständigen Illustrator kann man vor allem den Grafen Franz Pocci nennen. Pocci ist aus dem Münchener Kunstleben nicht wegzudenken. Er zeichnete, schrieb und musizierte. Die Qualität seines zeichnerischen Werkes ist unterschiedlich. In Görres' ›Festkalender‹ ist er mit einigen Illustrationen vertreten. Zu dem ›Märlein vom Sneewittchen‹, das 1837 in zwei Auflagen erschien, schuf er 43 Lithographien. Es folgen Radierungen, Zeichnungen für den Holzschnitt und sogar Schattenrisse in Märchen-, Kinder- und Liederbüchern. Als Mitarbeiter am ›Deutschen Hausbuch‹, das Görres 1846—47 herausgab, war er neben Kaulbach, Steinle, Overbeck u.a. tätig.

Zum Kreis der Künstler um die ›Fliegenden Blätter‹ gehörten Wilhelm Busch und Adolf Oberländer. Busch kam nach einem kurzen Studium am Polytechnikum in Hannover an die Düsseldorfer Akademie und 1854 nach München. An der Akademie befreundete er sich mit Wilhelm Dietz, der gern Landschaften malte und die einfachen Volksszenen liebte. Dietz wurde auch der Münchener Soldatenmaler in vielen reizvollen Illustrationen, so in Heinz Dewils ›Heedelberger Draguner-Wachtmeester‹ oder ›Hesekiel‹, ›Buch vom Grafen Bismarck‹ u.a. Die ersten Bücher von Wilhelm Busch waren die ›Bilderpossen‹. Der ›Eispeter‹ ist eine der schönsten Kindergeschichten, wenn auch nur wenig bekannt. Es erscheint heute kaum glaubhaft, daß die Verleger der damaligen Zeit nur sehr bedingt nach den Büchern von Busch griffen. Als er das Manuskript von ›Max und Moritz‹ an den Verlag J. H. Richter in Dresden schickte, erhielt er eine ablehnende Antwort. Daraufhin übernahm Kaspar Braun das Buch, und es wurde ein Welterfolg. So erging es auch anderen seiner Bücher. Schließlich brachte sein Freund Otto Bassermann in Heidelberg viele seiner Werke heraus. Die Bücher von Busch brachten große Auflagen. Das hatte zur Folge, daß sich die Holzschnitte schnell abnutzten. Der Verleger machte daraufhin die Photographie für die Reproduktion nutzbar und bediente sich nach der Erfindung der Autotypie dieses technischen Vervielfältigungsverfahrens. Das bedeutet, daß diese Bücher nicht mehr zur Originalgraphik gehören, die bis heute den Vorzug in der Buchillustration hat.

Berlin eiferte in der Kunst eifrig den Hauptstädten Europas nach. Die Vielfalt Münchens erreichte es nicht, aber es besaß in Adolph von Menzel einen in jeder Weise vollendeten Graphiker, der sich mit der internationalen Elite messen konnte. Menzel kam aus Breslau. Sein Vater unterhielt dort eine lithographische Anstalt, so daß der Sohn frühzeitig mit dem Gewerbe bekannt wurde. Nach dem Tod des Vaters mußte der junge Menzel für die Familie, die seit 1830 in Berlin lebte, sorgen. Aus dieser Zeit werden 30 Lithographien zu Emilie Feiges ›Kleinem Gesellschafter‹ besonders hervorgehoben. Menzel zeichnete vor allem Federlithographien, ging aber bald zum Holzschnitt über. Für den Verleger Schrag in Nürnberg entstanden Zeichnungen zum ›Peter Schlemihl‹. Berühmt wurde Menzel mit der Geschichte Friedrichs des Großen. Damals — mit dieser Publikation sollte 1840 der 100jährige Regierungsantritt des Königs gefeiert werden — schrieb er in einem Brief an den Verleger „Friedrich über Alles!". Dieser Huldigung blieb er treu, denn Menzel ist der Zeichner der preußischen Geschichte geworden. Es folgten die Werke Friedrichs des Großen, die Uniformen seiner Armee und vieles mehr. Menzel wurde Direktor der Berliner Akademie und in den Adelsstand erhoben. Er verlangte, daß sich die Holzschneider in seine Zeichnung einzufühlen hätten und nicht er sich nach ihnen zu richten habe. Damit hatte er für den künstlerischen Holzschnitt eine große Bresche geschlagen. Im

Jahre 1877 erschienen bei Hofmann & Co. in Berlin nochmals Holzschnitte zu Kleists ›Der zerbrochene Krug‹. Das graphische Werk des Künstlers ist sehr groß und die Lebendigkeit seiner feinen Zeichnungen unerreicht.

Ein ganz anders gearteter Berliner Künstler, wenn auch von Geburt Düsseldorfer, ist Theodor Hosemann. Auch er kam von der Lithographie her, die er in Düsseldorf bei Arnz und Winckelmann erlernt hatte. Winckelmann nahm den jungen Künstler mit nach Berlin, wo sie fleißig die aus Frankreich eingeführten Bücher, Flugschriften etc. lithographierten. Aber Hosemann wurde langsam selbständig. Für die Hefte ›Buntes Berlin‹, die Adolf Glaßbrenner herausgab, zeichnete er in den Jahren 1837—53. Seine ganze Liebe gehörte dem Kinderbuch. Er hat hier mehrere hundert Titel illustriert. Besonders beliebt war ›Tulifäntchen‹ von Karl Immermann. In der Märchenillustration findet sich Hosemanns Name bei Musäus, Hauff und Andersen. Allerdings ist er kein ausgesprochener Romantiker mehr, seine Darstellungen tragen bereits realistische Züge.

Der Düsseldorfer Malerkreis pflegte selbstverständlich auch die Graphik. Adolf Schroedter ist der bekannteste Illustrator. Seine Zeichnungen sind leicht und voller Heiterkeit, ihre Arabesken reihen sich dem allgemeinen Zeitgeschmack ein, heben sich aber doch über das Mittelmaß hinaus. Holzschnittillustrationen finden sich im ›Liederbuch für deutsche Künstler‹ von Reinick und Kugler aus dem Jahre 1835, die von Gubitz in Berlin vorbildlich geschnitten wurden. Der Weg führte weiter über Radierungen zu ›Peter Schlemihl‹, Musäus' ›Volksmärchen der Deutschen‹, Eichendorffs ›Taugenichts‹ und anderem mehr. Sein bekanntestes Werk waren die ›Taten und Meinungen‹ des Herrn Piepmeyer, eine Bildgeschichte, die an die Arbeiten des Schweizers Toepffer erinnert. In Düsseldorf gab es nach dem Vorbild anderer Städte die ›Düsseldorfer Monatshefte‹, um die sich ein Künstlerkreis bildete. Wilhelm Camphausen illustrierte eine Geschichte Friedrichs des Großen, das Tagebuch ›Ein Maler auf dem Kriegspfad‹ und verschiedene andere Titel. Von den bekannten Malern hat auch Kaspar Johann Scheuren Bücher illustriert wie ›Ostermorgen eines Küsters‹ von C. Dietz oder ›Tag und Nacht‹ von Hackländer. Scheuren liebte die Landschaftsdarstellungen. Erwähnung finden sollen noch die Kinderbücher von Gustav Süs, von denen ›Hähnchen und Hühnchen‹ oder ›Swinegels Reiseabenteur‹ mit ihren köstlichen, unbeschwerten Bildern besonders beliebt waren.

Die Kinderbuchillustration hat einen ihrer namhaftesten Vertreter in Otto Speckter in Hamburg. Er wuchs in der lithographischen Anstalt seines Vaters auf, die er dann auch übernahm. Speckters erster Erfolg waren die Zeichnungen zu den ›Fünfzig Fabeln für Kinder‹, die Wilhelm Hey im Verlag Perthes herausgab. Davon kam eine französische Ausgabe und 1836 eine zweite Auflage heraus, in der die Lithographien durch Kupferstiche ersetzt wurden. In den Jahren 1840, 1841 und 1850 erschienen Holzschnittausgaben dieses Buches. 1837 folgte ›Noch 50 Fabeln für Kinder‹, die ins Englische übertragen wurden und sich großer Beliebtheit erfreuten. Speckter hat viele Märchen illustriert. ›Der gestiefelte Kater‹ ist ihm am besten gelungen. Es gibt weiter Bilder zu Klaus Groths ›Quickborn‹ und Fritz Reuters ›Hanne Nütte un de lütte Pudel‹. Speckter war Norddeutscher und blieb auch diesem Raum in der klaren, humorvollen Wiedergabe seiner Tiere und Menschen verbunden. Speckters Vignetten haben sich lange in Kinderbüchern erhalten, seine Tierdarstellungen sind sehr oft zeitlos.

Die Verlagsstadt Leipzig hat im 19. Jahrhundert keine nennenswerte Künstlervereinigung, die sich mit der Illustration befaßt. Oesers Schülerkreis vermochte die Tradition nicht hochzuhalten. Dresden war wieder in den Vordergrund getreten, und Rümann[50] hat wohl recht, wenn er den in Leipzig ansässigen und erwähnenswerten Illustrator Georg Opitz der Dresdener Illustratorenschule zurechnet, zumal er auch dort gelernt hatte. Opitz bemühte sich, einfühlsame Bilder für seine Illustrationstexte zu schaffen, wie es dem romantischen Geschmack der Leser entsprach. Dabei gelang es ihm vor allem, für den Roman ›Die bezauberte Rose‹ von Ernst Schulze den richtigen Ton zu treffen. Der Brockhaus-Verlag brachte dieses „romantische Gedicht" voll Wehmut und Rührseligkeit zum ersten Mal 1817 heraus. Nach zwei Jahren gab es eine zweite Auflage mit aufgefrischten Kupferstichen und 1820 und 1824 neue Auflagen mit neuen Kupfer-

[50] Rümann, S. 264.

stichen von Opitz. Die vierte Auflage versah der Künstler der Mode entsprechend mit Einrahmungen der Bilder im gotischen Stil. Die Kupferstiche des Künstlers folgten im übrigen dem Stil der Almanach-Illustration, sie waren in feinen Strichen mit Girlanden und Putten geschmückt. Opitz hat noch weitere Tagesliteratur für Brockhaus und andere Verleger illustriert.

Die deutsche Buchillustration des 19. Jahrhunderts wäre ohne Ludwig Richter undenkbar. Er verkörpert die kleinbürgerliche Welt, auf der seine Augen mit Liebe und anspruchslosem Wohlgefallen ruhten. Es lockt ihn nicht die Darstellung des Kampfes um das tägliche Leben. Die Armseligkeit wird in eine Idylle eingekleidet, die ihr die Schärfe nimmt und Beschaulichkeit zurückläßt. Adrian Ludwig Richter (1803—1884) wurde als Sohn eines Kupferstechers in Dresden geboren. Er wuchs unter der Leitung seines Vaters und des Akademieprofessors Adrian Zingg heran, in dessen Werkstatt der Vater arbeitete. Richter hat in seinen Lebenserinnerungen dieses patriarchalische Verhältnis zwischen dem Meister und der Familie seines Mitarbeiters beschrieben. Vor allem erinnert er sich an eine Publikation ›Malerische Ansichten von Dresden und seiner Umgebung‹, an der er mitarbeitete, die ihm jedoch keine große Freude, aber Übung in der Landschaftszeichnung brachte. In den Jahren 1820/21 begleitete er als Landschaftsmaler einen russischen Fürsten nach Frankreich. Der Buchhändler Christoph Arnold, der eine große Zuneigung zu dem jungen Künstler empfand, ermöglichte ihm einen dreijährigen Aufenthalt in Rom. Die Freude war groß, und Richter dachte nun, ein richtiger Maler zu werden. Das Ergebnis dieses Aufenthaltes war, daß er durch die deutschen Maler dort zu Albrecht Dürers Graphik fand. Nach Hause zurückgekehrt, übernahm er bald eine Zeichenlehrerstelle in Meißen und schließlich die Stelle seines Vaters für Landschaftsmalerei an der Akademie zu Dresden. In seiner Kunst hatte er sich für das Kleinformatige in der Darstellung entschieden. In seinen Erinnerungen heißt es: „Ich las Geßners ›Herbstmorgen‹ und dabei kam ich auf folgenden Gedanken. Weder der große, erhabene noch der wilde Stil in der Landschaftsmalerei ist meinem Charakter angenehm, mir paßt eben das Reizende, Liebliche und Enge.“ Mit den Illustrationen zu den ›Deutschen Volksbüchern‹, die von 1838—49 bei dem Verleger Georg

Wigand in Leipzig erschienen, zeichnete Richter erstmals für den Holzschnitt, den er dann wie keiner außer Menzel beherrschen lernte. Nun war er endlich in seinem Element, und es folgte Buch auf Buch. Hervorzuheben sind seine 151 Bilder zu den Volksmärchen von Musäus, zu denen er für die zweite Auflage noch 15 lithographierte Titelblätter lieferte. Es folgten Andersens und Bechsteins Märchen. Eine geschlossene Ausgabe der Grimmschen Märchen hat er nicht illustriert. Alte und neue Studentenlieder und alte und neue Volkslieder erschienen 1844 und 1846. Die ›Illustrierte Jugend-Zeitung‹ bei Wigand und die ›Illustrierte Zeitung für die Jugend‹ bei Brockhaus in Leipzig brachten seine Zeichnungen. Die einzelnen illustrierten Werke lassen sich in dieser Zusammenfassung nicht aufzählen. Richter erlebte seinen achtzigsten Geburtstag, mit Ehrungen überhäuft.

DER JUGENDSTIL

Im letzten Drittel dieses Jahrhunderts macht sich allgemein in der Buchillustration eine Stagnation bemerkbar. Es wird viel Aufwand gemacht, aber die Illustration verliert sich in Pathos, Sentimentalität und mechanischer Dekoration. Die jungen Künstler suchen nach neuen Formen. Die in vielen Ländern um sich greifende Industrialisierung wird als Abkehr des Menschen von der Natur und dem Verlust ethischer Werte empfunden. Das Handwerk wird wieder hochgeschätzt, und man sucht nach Vorbildern, die zurück in die Renaissance und das Spätmittelalter reichen. In England gelingt es William Morris, diesen Gedanken zu einem bleibenden Durchbruch zu verhelfen. Morris wurde 1834 geboren und besuchte zusammen mit Edward Burne-Jones das Exeter-College in Oxford. Diese Freundschaft sollte bestimmend für ein ganzes Leben werden. In ihrer Jugendzeit machten sie eine Reise nach Belgien und Frankreich und begeisterten sich an der Malerei Jan van Eycks und Hans Memlings. Einen besonders nachhaltigen Eindruck machte die gotische Baukunst auf sie. Morris begann zu schreiben, es interessierten ihn die sozialkritischen Themen. Außerdem beschäftigte er sich mit dem Kunsthandwerk. Burne-Jones malte. Ihre Freundschaft mit den Präraffaeliten veranlaßte sie, eine eigene “Brotherhood” (Bruderschaft) zu gründen. Morris’ vielfältige kunstgewerbliche Neigungen für Textilien, Glas, Töpferei etc. führten 1861 zur Gründung einer Firma für Kunsthandwerk unter dem Namen Morris, Marshall, Faulkner & Co. Burne-Jones, Rossetti, Ph. Welb waren ebenfalls Teilhaber dieser Firma. Die Stoffe, Tapeten, Gläser und andere Dinge dieser Werkstätten waren sehr begehrt und fanden Nachahmung. Im Jahre 1891 gründete Morris die Kelmscott-Press, eine Werkstatt für den Buchdruck. Sein Drucker war Emery Walker, seine Schriften schnitt Edward Prince und seine Bücher illustrierte Burne-Jones. Morris suchte seine Vorbilder in der Frühdruckzeit, jener Zeit, in der die Handwerkskunst blühte. Drei Schriften, die

Morris entwarf, wurden den Typen der Frühdrucker nachgebildet. Die Illustration verband die Randleisten der Renaissance, wie sie etwa bei Erhart Ratdolt in Augsburg vorkamen, mit einer figürlichen, zeitgenössischen Darstellung. Der Umrißholzschnitt, das starke Kontrastspiel von schwarz und weiß, wie es die Präraffaeliten liebten, wurde von Burne-Jones aufgegriffen und mit der Umrahmung zu einem harmonischen Bild zusammengefügt. Es sind gewöhnlich zwei Doppelseiten oder eine Schmuckseite, die aus dem Buchganzen hervorspringen, während die übrigen Seiten durch große Initialen und das Schriftbild wirken. Es ist eine Buchgestaltung, die von der üblichen abweicht und neue Wege geht. Das Gesamtbild hat etwas Sakrales. Satz und Schriftbild stellen handwerkliche Höchstleistungen dar. Es waren nur wenige Jahre — Morris starb 1896 —, in denen die Presse arbeitete, aber sie genügten, um den Anstoß zur Erneuerung der Buchkunst zu geben.

Erneuerungsbestrebungen im Bereich der Kunst gab es nicht nur in England, sie zeigten sich in allen Ländern. Die Künstler schlossen sich zu Gruppen zusammen, um ihre Ideen besser vertreten zu können. In Paris war es die „Gruppe von Pont-Aven“, dann die „Nabis“, zu denen Pierre Bonnard, Felix Valloton und Aristide Maillol gehörten. Die Plakate von Henri de Toulouse-Lautrec erregten Aufsehen. Paul Gauguin malte seine packenden Bilder in der Bretagne, in Tahiti und anderen Orten. Als Illustrator begegnete er in einem von ihm verfaßten Bericht über das Leben in der Südsee unter dem Titel ›Noa-Noa‹. Im gleichen Jahr 1902 erschienen ›Le Sourire‹ und ›Racontars d'un Rapin‹. Der große Verleger dieser Jahre war Ambroise Vollard. Aus Belgien kam Henry van de Velde, der ähnlich wie Morris sich dem Kunsthandwerk zuwandte. In den skandinavischen Ländern versuchte Eduard Munch sich mit der «Art nouveau» auseinanderzusetzen. Die deutsche Bezeichnung Jugendstil ist zutreffender für diese große Stilbewegung, die von der Jugend, den jungen Künstlern ausgeht und über nationale Grenzen hinweg zu einem internationalen Anliegen wird. Diese Bewegung, neben Art nouveau auch Modern Style genannt, vermag noch einmal sowohl die Formen der Kunst als auch die Gestaltung der Gebrauchsgegenstände des täglichen Lebens zu verändern. Neben der Gotik gewinnt die japanische Kunst einen starken Einfluß auf viele Künstler. Die fließende Linie ist das Hauptelement des Stiles, der aber ebenso die farbige Fläche liebt.

Die Jugendstilkünstler haben sich sehr viel mit dem Buch beschäftigt.[51] Vier Zeitschriften: ›Pan‹, ›Insel‹, ›Jugend‹ und ›Simplizissimus‹ werden zu Kristallisationspunkten. Der ›Pan‹ wurde 1895 in Berlin von Otto Julius Bierbaum und Julius Meier-Graefe gegründet. Es war eine bibliophile Zeitschrift, in der junge Leute mit ihren Erstlingswerken zu Wort kommen sollten. Originalgraphiken wurden beigelegt oder eingebunden. Zu ihnen gehören Standardwerke wie die ›Fliegenden Kraniche‹, eine Farblithographie von Walter Leistikow, oder der Farbholzschnitt ›Der Kuß‹ von Peter Behrens. Das Titelblatt mit dem Kopf eines Pan schuf Franz von Stuck. Außer diesen erwähnten Künstlern arbeiteten Ludwig von Hofmann, Joseph Sattler, Fidus (d.i. Hugo Höppener), Henry van de Velde, Otto Eckmann und viele andere für diese Zeitschrift. Eckmann trat besonders durch seine Pinselschriften hervor. Es ist auffallend, daß ganz bewußt neue Schriften zu den neuen Büchern entstehen, u.a. von Melchior Lechter oder Peter Behrens, um die Einheit von Bild und Satz hervorzuheben. Die Schriftgießerei Klingspor in Offenbach am Main, damals noch Rudhardsche Schriftgießerei, war wegweisend.

In Leipzig und Berlin erschien im Verlag von Schuster und Löffler die Zeitschrift ›Die Insel‹, deren Kunstbeilagen in Mappen veröffentlicht wurden. In Verbindung mit dieser Zeitschrift entstand der InselVerlag. Otto Julius Bierbaum, Alfred Walter Heymel und Rudolf Alexander Schröder werden die Herausgeber der Zeitschrift. Von Bierbaum erschien auch 1890 das Kalenderbuch der ›Bunte Vogel‹ mit Buchschmuck von Peter Behrens im Verlag von Schuster und Loeffler. Das Titelblatt ist eines der charakteristischsten für den Jugendstil. Ein grüner Vogel umfaßt mit seinem zu fließenden Linien auslaufenden Gefieder den Schriftblock. Man hat dieses Liniengewirr, das sich beim vorher erwähnten Blatt ›Der Kuß‹ noch stärker zeigt, etwas salopp das Bandnudelmotiv genannt. Im sogenannten florealen Stil laufen die Linien in Blumen aus, wie bei Franz Stassen, um auch seinen Namen zu erwähnen, in den ›Romanzen und Balladen‹, abgebildet bei Hofstätter S. 140.

[51] Hans H. Hofstätter: Jugendstil. Druckkunst. Baden-Baden 1968.

Die beiden anderen Zeitschriften, ›Jugend‹ und ›Simplizissimus‹, erschienen in München. Der Verleger Georg Hirth brachte die ›Jugend‹ mit dem Untertitel ›Münchener illustrierte Wochenzeitschrift für Kunst und Leben‹ heraus. Das heißt, daß es sich nicht um eine bibliophile Zeitschrift wie ›Pan‹ und ›Insel‹ handelte, sondern um ein Blatt, das sich den vielfältigsten Interessen samt Anzeigen widmete. Es wurden alle jungen Künstler und Literaten zur Mitarbeit aufgerufen. Dabei kannte Hirth keine nationalen Grenzen. Bei ihm schrieben sowohl Engländer als auch Franzosen, nur verfolgten sie alle die gleichen avantgardistischen Neigungen. Der bürgerliche Spießer hatte keine Freude an diesen Blättern, die aber durch ihre farbigen Titelblätter und Illustrationen eine große werbewirksame Anziehungskraft hatten. Der ›Simplizissimus‹ war ein politisch-satirisches Blatt, das von Ludwig Thoma und Albert Langen herausgegeben wurde und deren Zeichner Thomas Theodor Heine, Olaf Gulbransson, Eduard Thöny u.a. waren. Die Zeitschrift erschien bis 1933. Eine knappe Auswahl der Buchillustratoren zu treffen ist schwierig, da eben viele in ihrer Jugendzeit von diesen Ideen angezogen wurden, aber bis in die noch zur Erinnerung gehörende Gegenwart gelebt und ihren Zeichenstil geändert haben. Die Stätten ihrer Wirksamkeit, vor allem der Werkstätten und Kunstschulen, sind in Berlin, München, Wien, Hamburg, Leipzig, Dresden, Darmstadt und Karlsruhe. Worpswede und Dachau nahmen mit ihren Künstlerkolonien eine Sonderstellung ein. Auffallend ist, daß die Bezeichnung Buchschmuck an Bedeutung gewinnt und man nach dem Vorbild von Morris sogenannte Privatpressen gründet. Den Anfang machte Melchior Lechter mit seiner Einhorn-Presse. Die erste Veröffentlichung, ›Herrschaft und Dienst‹ von Friedrich Wolters, erschien 1909. Die meisten Bücher der Einhorn-Presse wurden bei Otto von Holten in Berlin gedruckt.

Lechter war Westfale. Nach seiner Ausbildung — er beschäftigte sich auch mit der Glasmalerei — ließ er sich in Berlin nieder. Seine Freundschaft mit Stefan George hat ihm einen Stempel aufgedrückt, von dem er sich niemals befreit hat. Sein Vorbild für die Druckkunst war Morris. Mit ihm teilte er auch die Liebe zur Malerei der Präraffaeliten. Seine Illustrationen haben einen stark dekorativen Charakter. Der Rahmen spielt eine große Rolle, er umschließt Schrift und

Bild. Von 1897—1907 illustrierte Lechter alle Werke von George. Am bekanntesten unter den von ihm illustrierten Büchern sind Georges ›Teppich des Lebens‹ 1899 und ›Der Schatz der Armen‹ von Maurice Maeterlinck 1898. Die Verbundenheit mit der Gotik zeigt sich in vielen seiner Werke. In seiner „Einhorn-Presse" brachte er in großen Abständen noch bis 1935 Privatdrucke heraus. Lechter blieb sein Leben lang dem Jugendstil verbunden.

Ähnlich wie Lechter fühlte sich auch Marcus Behmer den Ideen der Jahrhundertwende verhaftet. Behmer war als Autodidakt ein sehr guter Zeichner. Lange Zeit blieb Aubrey Beardsley, dessen illustratorisches Werk ihn stark beeinflußte, sein Vorbild. Beardsley gehörte zum Kreis um Morris. Er starb mit 26 Jahren und hinterließ eine Fülle von Illustrationen und Zeichnungen, die sich mit allen Jugendstilornamenten auseinandersetzten. Seine Darstellungen spielten in einer übergeistigen Sphäre, in der sich Erotik mit Schönheit und Bosheit paarten. Doch blieben seine eleganten Gestalten ohne die Wärme des Lebens. Oscar Wildes ›Salome‹ war ein Titel, der ihn anzog. Auch Behmer wählte dieses Thema in einer Ausgabe des Insel-Verlages von 1906. Er löste sich aus dem Bann Beardsleys, aber der Umrißzeichnung in der Linienführung der Jahrhundertwende blieb er treu. Behmer hat viel Buchschmuck gezeichnet, auch für die ›Insel‹, den ›Simplizissimus‹ und ›Ver Sacrum‹. Grimms Märchen wurden von ihm illustriert, Balzacs ›Das Mädchen mit den Goldaugen‹ und vieles mehr. Er starb 1958 in Berlin.

Heinrich Vogeler war der bekannteste Illustrator des Jugendstils. Er wurde 1872 in Bremen geboren, studierte an der Akademie in Düsseldorf und ließ sich 1895 in Worpswede nieder. Er machte viele Reisen, war befreundet mit Heymel und R. A. Schröder. Rainer Maria Rilke wohnte bei ihm im Barkenhoff, seinem Landgut, in Worpswede. Vogeler war ein aufnahmefreudiger Mensch. Seine Bilder waren voll Stimmung und einer oft märchenhaften Erzählkunst. In der Reihe der Jugendstilbücher sind seine Illustrationen zu Hugo von Hofmannsthals ›Der Kaiser und die Hexe‹ ein wesentliches Moment. Die farbige Doppelseite, Eingangs- und Titelseite, umschließt eigentlich alles, was zu jener Zeit modern war. Ein fein ornamentierter Rahmen umgibt einen üppig blühenden Märchengarten, durch den ein weißer Pfau sein Gefieder in gleitenden Schwingungen hinter sich herzieht. Eine Frau ist neben dem Kopf des Tieres zu sehen, die ihre Hand in einer streichelnden Gebärde ausstreckt, aber mit einem unheimlich starren Blick über das Tier hinwegsieht. Die Komposition erstreckt sich über zwei Seiten. Rahmen und Bild sind mit mehreren Farbplatten in Autotypie ausgeführt. Unter den zahlreichen illustrierten Büchern Vogelers finden sich viele Märchen. Aus dem Ersten Weltkrieg kehrt er völlig verändert zurück, trennt sich von seiner Familie und wandelt sein Gut in eine sozialistische Kommune um. In der Darstellung wendet er sich dem Klassenkampf in Deutschland zu. Schon 1924 geht er für längere Zeit nach Rußland und übersiedelt 1932 ganz dorthin. 1942 starb er in Kasachstan.

Ein ausgesprochener Märchenerzähler der Zeit war der Schweizer Ernst Kreidolf. Die elfenhaften Gestalten mit den Blumenköpfen, die seine Kinderbücher füllten, wurden von den Kindern geliebt. Kreidolf zeichnete Blumen und Pflanzen nach der Natur. Seine Texte, die er selbst verfaßte, gingen auf die Kinder ein und wurden von ihnen verstanden. Die Darstellungen sind in zarten Farben als Autotypien oder Lithographien wiedergegeben. Sie wirken naturalistisch nüchtern gegenüber den versponnenen, romantischen Märchenillustrationen. Kreidolf war ein Einzelgänger, hat aber mancherlei Nachahmung gefunden.

Eine Zeiterscheinung sind die Künstlervereinigungen, die Sezessionen in allen Ländern. In Österreich spielte die Wiener Sezession, die 1897 von den Malern Gustav Klimt, Rudolf von Alt u.a. gegründet wurde, eine bedeutende Rolle. Die Sezessionen traten allgemein durch ihre Ausstellungen moderner Künstler hervor. Man sprach — und tut es auch heute noch — geradezu von einer Sezessionskunst und meinte damit den Geschmack dieser Vereinigung. So hängt der Jugendstil in Wien sehr stark mit der Sezession zusammen. Die Tendenzen sind die gleichen wie in anderen Ländern. Man will das Alte erneuern, nicht verdrängen. Die Zeitschrift ›Ver Sacrum‹ steht im Mittelpunkt der neuen Bestrebungen. Die Jugendstilkünstler haben eine besondere Vorliebe für das Gedicht, was sich sehr deutlich in der Wiener Zeitschrift ›Ver Sacrum‹ zeigt. Ferdinand von Saar, Arno Holz und Rainer Maria Rilke zählen zu den Lieblingsautoren. Die Sezession spaltete sich schon 1903 in zwei Gruppen und verlor damit an Bedeutung. Josef Hoffmann und Koloman Moser gründeten nun die Wiener Werkstätten, in denen das Handwerk, darunter auch die Buchkunst, eine starke Position einnahm. In den Werkstätten, die bis 1932 bestanden, entstand dann auch 1908 das Buch von Oskar Kokoschka: ›Die träumenden Knaben‹.

Die starke Vergeistigung des Jugendstils, die in Wien mit einem leichten Hang zur Erotik gemischt ist, hat aber auch eine ganz andere Seite gehabt. Der Verlag Gerlach & Schenk in Wien brachte Kinder- und Jugendbücher heraus, die in ihrer Farbigkeit und instruktiven Darstellung zeitlos sind. Hier ist nichts von einer krankhaften Übersteigerung des Gefühlslebens zu spüren. Zu den Illustratoren dieser Bücher gehören der in Böhmen geborene Berthold Löffler, der Deutsche Ignatius Taschner und der Wiener Carl Czeschka. Diese Illustrationen haben Verbindungen zu den Künstlern um die Zeitschrift ›Die Scholle‹, auch die Dachauer Gruppe genannt. Es sind Neuromantiker, die volkstümliche Darstellungen lieben und sich der Natur verbunden fühlen. Zu ihnen gehörte auch Adolf Münzer, der Bilderbücher des Scholz-Verlages zu Mainz illustrierte. Max Klinger und Hans Volkert stehen diesen Künstlern ebenfalls nahe. In den Kreis der erwähnten Kinderbücher gehören auch die Arbeiten des Russen Iwan Jakowlewitsch Bilibin. 1876 geboren, studierte er in Petersburg und machte Studienreisen nach Italien und in die Schweiz. Seine Illustrationen haben erzählenden Charakter und erinnern in ihren Farben an alte russische Volkskunst und die Miniaturen früherer Jahrhunderte. Die Gestalten sind märchenhaft, aber doch realistisch. Bilibin und Wassily Kandinsky, der die europäische Malerei des Expressionismus so stark beeinflußt hat, schöpfen aus den gleichen Quellen.

Eine ganz andere Art von Kinder- und Jugendbüchern entstand in England durch Walter Crane und Arthur Rackham. Crane wurde 1845 als Sohn eines Miniaturmalers in Liverpool geboren. Er gehörte zum Kreis um Morris und war sowohl Kunstschriftsteller im Sinne der Erneuerung als auch entwerfender Graphiker für den Buchschmuck der Kelmscott Presse. Er war Ästhet, seine Figuren liebten den Reiz der Verwandlung von der menschlichen zur pflanzlichen Symbiose. Es waren traumhafte Wesen, die vor allem in seinen Kinderbüchern zur Geltung kamen. Ernst Kreidolf fand in Crane ein Vorbild. Im übrigen neigte der Engländer zur dekorativen Kunst im Gegensatz zu seinem Landsmann Rackham, der ein köstliches, erzählendes Talent in seinen Illustrationen entwickelte. Seine feinen, scherenschnittartigen Wiedergaben beruhen auf Naturstudien und technischen Hochleistungen, sei es Dornröschen, Alice im Wunderland oder ein Sommernachtstraum. Rackhams Illustrationen sind bis heute frisch und betrachtenswert geblieben. Er ist einer der größten Graphiker seiner Zeit. Eine der von ihm sehr oft verwandten Wiedergabe seiner Zeichnungen ist die Autotypie, der in der Kunst der Jahrhundertwende eine besondere Bedeutung zukommt.

Die Erfindung der Photographie hatte in den graphischen Techniken eine Veränderung hervorgerufen. Schon bei den Großauflagen der Bildgeschichten von Wilhelm Busch wie ›Max und Moritz‹ verwandte der Verleger aus finanziellen Gründen die Autotypie. Diese Autotypie oder Phototypie war nach unseren heutigen Unterscheidungen eine Strichätzung. Die Zeichnung, die nur aus weißen Flächen und schwarzen Strichen bestand, ließ sich mit der Plattenphotographie auf eine Metallfläche projizieren, die dann mit Hilfe eines chemischen Säurebades zu einer Druckvorlage geätzt wurde, wie man es bereits von der Lithographie her kannte. Als Metallträger sind Zink- Kupfer- und Messingplatten benutzt worden. Den zweiten Schritt tat man dann zur eigentlichen Autotypie hin. Die vielen Zwischentöne, die sich bei den Zeichnungen, Radierungen etc. zeigten, ließen sich mit der Strichätzung nicht herausholen. So spannte man eine Glasplatte mit einem Linien- oder Punktnetz, einen sogenannten Raster, vor die photographische Platte und zerlegte damit das Bild in lauter kleine Striche oder Punkte, das mit der Durchlässigkeit von hellen und dunklen Stellen zu einer Schwarzweißwiedergabe wurde. Der chemische Ätzvorgang brachte auch die Halbtöne hervor. Der hier nur in seinen Grundprinzipien beschriebene Vorgang ist kompliziert und beruht auf mehreren chemischen Spezialprozessen. Die Möglichkeit, über die Autotypie einen Mehrfarbendruck zu erreichen, kam den Graphikern sehr gelegen. Hierbei wurden gewöhnlich drei Druckplatten für die drei Grundfarben Gelb, Rot und Blau mit Hilfe eines Farbfilters hergestellt. Der Zusammendruck der drei

Farbplatten, die jeweils nur ihre eigene Farbe tragen, ergibt eine Mischung, die die gesamten Komplementärfarben erscheinen läßt.

Der Verleger erkannte sehr schnell, daß die Autotypie eine billigere Vervielfältigungsmethode darstellte als die Verwendung von Originalgraphiken, deren Druckformen immer nur verhältnismäßig kleine Auflagen von einigen hundert Exemplaren ermöglichten, wenn man nicht eine zweite Druckplatte anfertigen wollte. So formulierte Georg Hirth seine Anzeige für die Zeitschrift ›Jugend‹ bereits ganz bewußt mit dem Hinweis, daß für die Illustrationen Autotypien verwandt werden sollten und der Zeichner sich danach richten möchte. Das heißt, daß der Künstler seine Illustration von Anfang an für das neue Verfahren anlegt. Da die frühen Autotypien, sei es Strichätzung oder wie beim Plakat Mehrfarbendruck, sich in der Qualität wesentlich von den späteren unterscheiden, gibt es Stimmen (s. auch Hofstätter S. 15f.), die die Autotypie des Jugendstils zur Originalgraphik zählen möchten.

Die Buchillustration der Jahrhundertwende hat eine Frage aufgeworfen, die seitdem immer wieder gestellt wird, ohne je eine befriedigende Antwort gefunden zu haben. Bedeutet illustrieren einen Text nacherzählen, oder gibt die Illustration nur die Gedanken des Künstlers wieder, die ihm ohne Bindung an den Text zum Thema einfallen? Die Illustratoren des Jugendstils haben wenig erzählende Illustration gemacht. Es sind oft nur Gedankenspiele, die sich in einer Sphäre des Geistes und der Schönheit bewegen, ohne einen realen Bezug zum Text herzustellen. Eine große Rolle fällt der Dekoration zu. Randleisten, Einrahmungen etc. sind sehr beliebt. Sie unterscheiden sich von ihren Vorgängern nur durch ihre lockere, dem Stil angepaßte Linienführung. Der Illustrator ist sich selbst, den Empfindungen seiner Seele hingegeben, so daß er sich keinem Zweiten unterordnen kann, es sei denn einer gleichen Empfindung. Als Reaktion auf diese Tendenzen ist die Sachlichkeit des Werkbundes zu verstehen, die Hervorhebung der Schrift und die Gestaltung des Buches ohne Bilder. In England wirft die Doves-Press mit ihrem Gründer Thomas James Cobden-Sanderson allen Buchschmuck der Kelmscott-Presse über Bord und stellt in den Mittelpunkt des Buches nur die Schrift. Die Ideen Cobden-Sandersons, ausgeführt in seiner Schrift ›The Ideal Book‹, finden in Deutschland bereitwillig Aufnahme.

DAS 20. JAHRHUNDERT

Der Jugendstil, den man sowohl an den Schluß des 19. als auch an den Anfang des 20. Jahrhunderts stellen kann, ist eine Stilrichtung gewesen, die internationale Auswirkungen gehabt hat. Die Formen dieses Stiles beherrschten nicht nur die Kunst, sondern auch die täglichen Gebrauchsgegenstände. Der Weltkrieg beendete diese Richtung. Danach hat es keine Stilart mehr gegeben, die sich so umfassend durchgesetzt hätte. Im allgemeinen hat sich in allen Ländern ein Individualismus entwickelt, der mitunter national gefärbt oder in Gruppen vorgetragen, im Grunde aber nur von der Persönlichkeit einzelner Künstler geprägt wird. Dementsprechend ist auch die Buchillustration im 20. Jahrhundert in den einzelnen Ländern unterschiedlicher, als es in früheren Jahrhunderten war.

In Deutschland treten die Privatpressen in den Vordergrund. Die Buchgestalter, die sich um diese Pressen finden, sehen das Buch als Ganzes, den Einband, die Schrift, das Papier, den Schmuck. Finanziell werden diese Werkstätten von Mäzenen gestützt. Ein klassisches Beispiel ist die Cranach-Presse, die von Harry Graf Kessler gegründet wurde. Kessler entstammte einem Hamburger Kaufmannsgeschlecht. Seine Reisen, die Bekanntschaften mit den englischen Künstlern der Kelmscott und der Doves Press sowohl als den Deutschen A. W. von Heymel, Rudolf Alexander Schröder etc. brachten ihn wohl auf den Gedanken, selbst eine Presse zu gründen. Er kaufte zunächst eine Schrift und begann dann in Weimar mit ersten Druckversuchen. Es dauerte einige Jahre, bis 1913 alle Vorbereitungen für eine selbständige Druckwerkstatt, die im Gartenhaus des Bankiers Mardersteig, dem Vater von Giovanni Mardersteig, dem Begründer der Officina Bodoni in Verona, eingerichtet wurde, abgeschlossen waren. Es sollten die ›Eclogen‹ des Vergil mit 43 Holzschnitten des Franzosen Aristide Maillol gedruckt werden. Eine neue Schrift war von Edward Prince in England geschnitten worden, das Papier schöpfte der Sohn Maillols in der Nähe von Paris. Der Erste Weltkrieg unterbrach den Start. Kessler ging als Offizier in den Krieg und dann als Diplomat nach Bern und Warschau. Die ›Eclogen‹ des Vergil wurden erst 1926/27 fertiggestellt. Maillol war Bildhauer und während einer Griechenland-Reise von Kessler zum Zeichnen angeregt worden. Die Umrißholzschnitte zum Vergil fügten sich hervorragend in die Druckseiten ein, so daß ein zeitlos schönes Buch entstand. Die Druckwerke der Cranach-Presse erschienen in Abständen, im Vordergrund stand das Schriftbild. Eine ›Hamlet‹-Ausgabe in der Übersetzung von Gerhart Hauptmann von 1929 brachte Holzschnitte des Engländers Edward Gordon Craig, die sich in ihrer großflächigen Schwere der Schrift und der Dichtung anpaßten. Es gab viele Pläne Kesslers, die nie zur Ausführung kamen und sich schließlich mit den Zeitumständen verloren. Kessler starb 1937 in Lyon.

Die Urzelle für die weiteren deutschen Privatpressen war die Steglitzer Werkstatt, die 1901 mit Fritz Helmuth Ehmcke, Georg Belwe und Friedrich Wilhelm Kleukens entstand. Man wandte sich gegen den Jugendstil und suchte in einer neuen Sachlichkeit gute Gebrauchsgraphik zu machen. Unter dem Einfluß dieses Kreises gründete 1911 der Naturwissenschaftler Eduard Wilhelm Tieffenbach zusammen mit seiner Frau die Officina Serpentis. Auch hier lag die Betonung auf der Schrift und nur in Ausnahmefällen wurden Illustrationen genehmigt. Tieffenbach richtete seine Drucke nach den Vorbildern der Handschriften und Frühdrucke aus. Fritz Helmuth Ehmcke, dessen Schriftschaffen für viele Jahrzehnte Vorbild blieb, richtete nach seiner Übersiedlung an die Kunstakademie in München die Rupprecht-Presse ein. Hier findet sich nun getreu den Ehmckeschen Grundsätzen keine Illustration, dafür aber von ihm selbst gefertigte, bunte Überzugspapiere für die Bücher.

Friedrich Wilhelm Kleukens erhielt schon 1903 einen Ruf nach Leipzig. Dort traf er gleichgesinnte Freunde in dem Graphiker Walter Tiemann und dem Verleger Carl Ernst Poeschel, die zusammen die Janus-Presse ins Leben gerufen hatten. Doch schon 1906 bekam Kleukens eine Aufforderung des Großherzogs Ernst Ludwig von Hessen, nach Darmstadt überzusiedeln. Hier gründete er zusammen mit seinem Bruder Christian Heinrich Kleukens, der der eigentliche Druckfachmann war, die Ernst-Ludwig-Presse. Dem Manifest der Steglitzer

Werkstatt entsprechend waren die meisten Drucke rein typographisch gestaltet. Doch die zeichnerische Begabung Friedrich Wilhelm Kleukens' ließ ihn die dogmatische Barriere hin und wieder überspringen, wie zum Beispiel in seinen Illustrationen zur plattdeutschen Ausgabe des ›Reinke Voß‹, die als 20. Druck der Ernst-Ludwig-Presse 1913 im Insel-Verlag erschien. Kurz vor dem Ausbruch des Ersten Weltkrieges trennten sich die Brüder Kleukens, und Friedrich Wilhelm gründete 1919 die Ratio-Presse. Inzwischen waren seine Schriftzeichnungen in der Bauerschen Gießerei und bei D. Stempel in Frankfurt erschienen. Bis 1930 gibt es einige köstlich illustrierte Bücher der Ratio-Presse, die Kleukens' Vorliebe für Tierzeichnungen zeigt, wie das ›Vogel-ABC‹ in zweiundfünfzig Bildern, den ›Reineke Fuchs‹ von 1929 oder des lustigen ›Pfarrherrn von Meudon schnurrig-possierliche Hof- und Mäusepredigt‹ von Honoré de Balzac aus dem Jahre 1930. Die Hervorhebung der Schrift im deutschen Buchschaffen führte zu einer Sonderstellung der Schriftgießereien. Sie haben vielfach in der Buchillustration eine Rolle gespielt, indem sie Jahresgaben etc. und gezielt gestaltete Bücher an ihre Freunde und Kunden schickten. Unter den deutschen Schriftgießern spielte zu Beginn des Jahrhunderts Karl Klingspor eine besondere Rolle. Er hatte 1898 zusammen mit seinem Bruder Wilhelm die Rudhardsche Schriftgießerei in Offenbach am Main erworben. Klingspor war jung und neigte den Jugendstil-Kreisen zu. Er übernahm die Pinselschrift von Otto Eckmann und beauftragte Peter Behrens, eine Schrift zu zeichnen. Als dritten Künstler gewann er Walter Tiemann, der bis zu diesem Zeitpunkt sich noch nicht mit der Schriftzeichnung beschäftigt hatte. Das Wagnis gelang vor allem durch den Stempelschneider Louis Hoell, der so lange an den Schriften feilte, bis sie zum Druck brauchbar waren, aber ihre Eigenart behielten. Die Schriften waren jahrzehntelang ein voller Erfolg. Eckmann starb 1902, aber Behrens und Tiemann haben noch viel für Klingspor gearbeitet. Klingspor zog auch den jungen Rudolf Koch an sein Haus, der über Jahrzehnte die Buchgestaltung beeinflussen sollte. Koch und Willi Harwerth waren auch die Illustratoren, neben Fritz Kredel, Josef Weisz und vielen anderen, die die zahlreichen liebenswerten Holzschnitte für die Klingspor-Bücher machten. Ab 1911 verband sich Koch mit dem Drucker Wilhelm Gerstung in

Offenbach und brachte die Reihe Rudolfinische Drucke heraus. Diese Bände waren meistens typographisch gestaltete Ausgaben, aber zum Teil auch mit Illustrationen von Koch versehen. Einmalig gestaltet sind die in Schrift und Bild aus der Holztafel geschnittenen sogenannten Blockbücher, wie das Buch Elia, das 1921 als zehnter der Rudolfinischen Drucke erschien. Weithin bekannt wurde das ›Blumenbuch‹ Kochs, zu dem er die Zeichnungen lieferte, die Fritz Kredel in Holz schnitt und Emil Wöllner handkolorierte und das 1929/30 in drei Bänden im Insel-Verlag erschien.

Neben den Privatpressen, den Schriftgießereien und den bibliophilen Gesellschaften haben aber auch einzelne Verleger die Buchkunst des 20. Jahrhunderts bestimmt. Aus dieser Gruppe treten unter anderen Anton Kippenberg, Eugen Diederichs und Hans von Weber neben den Druckern Carl Ernst Poeschel und Otto von Holten hervor. Eigentümer des Insel-Verlages war Alfred W. von Heymel in Bremen, der Sitz des Verlages München. Für die Leipziger Filiale wählte sich Heymel 1905 Anton Kippenberg als Geschäftsführer aus. Das erste Jahr leiteten Kippenberg und Poeschel die Filiale gemeinsam, dann übernahm Kippenberg die Leitung allein und in späteren Jahren den gesamten Verlag. Die Verbindungen Heymels und Poeschels nach England zu Emery Walker, Eric Gill, Edward Johnston, den Nachfahren von William Morris, sprachen zunächst einmal für den Jugendstil. Gute Beispiele hierfür sind die von Marcus Behmer gestalteten Bücher wie Goethes ›Westöstlicher Divan‹, Leipzig 1910. Auch der Insel-›Almanach‹ auf das Jahr 1906, gestaltet von Heinrich Vogeler, gehört unter vielen anderen Titeln hierher. Graf Kesslers Einfluß auf Heymel soll bewirkt haben, daß der Verlag mit seinen Dünndruckausgaben der Klassiker begann. Bei diesem Verlagsprogramm trat dann ganz deutlich die Typographie in den Vordergrund, wie es die neue Richtung der englischen Doves Press forderte. Die Gestaltung der Bücher übertrug Kippenberg verschiedenen Künstlern. Nachdem anfangs die Engländer großen Einfluß hatten, haben später Emil Rudolph Weiß und Walter Tiemann viel für den Verlag gearbeitet. Kippenberg war ein guter Geschäftsmann. Der Insel-Verlag gewann durch seine Publikationen ein Ansehen, das er nie eingebüßt hat. Markenzeichen war die schlichte, sparsame Gestaltung, ein literarisches Programm für einen begrenzten Kreis, das jedoch in der Insel-Bücherei mit ihren niedrigen Preisen auch breite Schichten ansprach. Die Illustration hat Kippenberg niemals ausgeschlossen, es haben alle guten Illustratoren zu allen Zeiten für den Verlag gearbeitet. Eine beispielhafte Reihe hierfür ist der Insel-Almanach, der zum ersten Male für 1900 von Otto Julius Bierbaum, A. W. Heymel und Rudolf Alexander Schröder herausgegeben wurde. Diese Bände sind von Heinrich Vogeler, Friedrich Wilhelm Kleukens, Emil Rudolf Weiß, Marcus Behmer, Emil Preetorius, Walter Tiemann, Hans Alexander Müller, Fritz Kredel und vielen anderen gestaltet worden.

Eugen Diederichs stammte wie Kippenberg aus dem norddeutschen Raum. Er war allem geschichtlich Gewachsenen zugetan, was ihn aber nicht daran hinderte, sich mit Unternehmergeist allem Neuen zuzuwenden. So verlegte er auch den einzigen Druck der Steglitzer Werkstatt, die Sonette von Elisabeth Barrett Browning. Die hieraus resultierende Bekanntschaft mit Fritz Helmuth Ehmcke führte dazu, daß dieser fünfundzwanzig Jahre lang die Buchgestaltung für den Verlag übernahm. Es waren in erster Linie die Schriften, die Ehmcke anzogen, aber auch viele Titelblätter und Vignetten wurden von ihm gezeichnet. Man wandte sich vor allem der dekorativen Richtung des Jugendstils zu. Melchior Lechter gestaltete Maeterlincks ›Schatz der Armen‹, Peter Behrens ›Feste des Lebens‹. Auch Ernst Schneidler zeichnete für die indischen Sagen, übersetzt von Adolf Holtzmann und herausgegeben von M. Winternitz, von 1913 einen ausgezeichneten Titel in einem Doppelblatt, wie er um die Jahrhundertwende gern gestaltet wurde. Schneidler hat viel für Diederichs gearbeitet. Für den Verlag haben auch hin und wieder Hans Thoma, Julius Dietz, Bernhard Pankok und Karl Rössing illustriert. Große Verlagswerke waren die ›Märchen der Weltliteratur‹, das Foliowerk ›Die Upanishads‹ des Veda und vieles mehr.

Zu den Verlegern, die großen Einfluß auf die Buchgestaltung dieser Zeit ausübten, muß kurz Hans von Weber mit seinem Hyperion-Verlag, den Hundert-Drucken und der Zeitschrift ›Der Zwiebelfisch‹ erwähnt werden. Er gründete seinen Verlag 1906 in München. Weber war Literat, seine Produktion richtete sich an den Gebildeten. Die Reihe der Hundert-Drucke ist ab Band 16 illustriert. Emil Preetorius und Max Unold haben hier mitgearbeitet. Das Hauptaugenmerk lag dem Zeitgeschmack entsprechend auch beim Hyperion-Verlag auf dem Schriftbild.

Ab 1914 erschien die Reihe der Dreiangeldrucke, die alle illustriert waren. Hans Meid, Walo von May, Bruno Goldschmitt und Emil Preetorius zeigten sich hier wieder als erzählende Illustratoren. Preetorius, der sich in späteren Jahren ganz dem Bühnenbild zuwandte, hat viele Bücher illustriert. Nach dem Ersten Weltkrieg ist deutlich zu beobachten, daß die dekorative Illustration und die präraffaelitischen Nachwirkungen des Jugendstils in Deutschland vorbei sind. Die sich in den Text einfügenden, kleinformatigen Bilder werden wieder häufiger. Zunächst gilt es aber die Gruppe der Maler zu betrachten, die sich auch als Buchillustratoren beschäftigt haben und ihre Zuweisung im kunsthistorischen Sinn beim Impressionismus oder Expressionismus gefunden haben. Den Anfang macht Max Slevogt,[52] vor dessen genialer Zeichenkunst selbst die größten Anhänger werkbündischer Sachlichkeit Zugeständnisse machen. Slevogt wurde 1868 in Landshut geboren und starb 1932 in Neukastel / Landau. Nach vielen Reisen lebte er abwechselnd in Berlin und Neukastel. 1917 wurde er Akademieprofessor in Berlin. Slevogt liebte die große Szene, er war ein leidenschaftlicher Maler. Zum Theater hatte er ein eigenes Verhältnis, viele seiner Darstellungen wirken wie Bühnenbilder. Auf der anderen Seite war er ein glänzender Zeichner und befaßte sich viel mit der Buchillustration. Sein erstes illustriertes Buch ›Ali Baba und die vierzig Räuber‹, ein Märchen aus ›Tausendundeine Nacht‹, erschien 1903 bei Bruno Cassirer in Berlin. Es war ein Anfang, die Illustrationen wurden in Autotypie wiedergegeben. Aber dabei blieb es nicht, es folgten in beständiger Folge ein Werk nach dem anderen in Originalgraphik. Der Verleger witterte selbstverständlich ein Geschäft und ließ die Bände zum Teil in überladener Weise ausstatten. Den Zeichnungen Slevogts hat das bis heute noch nichts anhaben können. In der Buchkritik[53] hat es natürlich zu Debatten

[52] Hans-Jürgen Imiela: Max Slevogt. Karlsruhe 1968.

[53] Hans Leitmeier: Die Bedeutung der von Max Slevogt illustrierten Bücher für seine und für unsere Zeit. In: Gutenberg-Jahrbuch 1957, S. 268—285.

Anlaß gegeben, ob diese Illustration in ihrer bewegten Dynamik, vor allem in den ganzseitigen Darstellungen, nicht den Rahmen eines Bandes sprenge, ob die Einheit von Schrift und Bild Berücksichtigung finde, ob die Kreidelithographie überhaupt zur exakten Linienführung der Druckbuchstaben passe und so weiter. Dazu gibt es natürlich vieles zu sagen, aber in der heutigen Retrospektive werden manche Kriterien unwichtig. Das Bewunderungswürdige an der Buchillustration der ersten drei Jahrzehnte ist ihre Vielfalt, die alle Techniken und alle Darstellungsmöglichkeiten zur Debatte stellte. Slevogt wandte in seinen Büchern einen offenen Zeichenstil an, die den Zeitgeschmack wiedergebenden Rahmungen der Textseiten wurden nur angedeutet. Am liebsten zeichnete er direkt auf den Stein, das heißt, daß viele Illustrationen Lithographien sind. James Fenimore Coopers ›Lederstrumpf‹ von 1909 enthält 180 Lithographien. Benvenuto Cellinis Selbstbiographie 303 und Goethes ›Faust II‹ sogar 510 Lithographien. Das sind umfangreiche Werke, die sowohl ganzseitige Darstellungen als auch kleine Vignetten enthalten. Slevogt wählte seine Themen gern aus der Märchen- oder Opernwelt. Hierunter befinden sich die Grimmschen Märchen ›König Drosselbart‹, ›Jorinde und Joringel‹ etc. Aus ›Tausendundeine Nacht‹ hat vor allem ›Die Insel Wak Wak‹ Aufsehen erregt. Mozarts ›Zauberflöte‹ und ›Don Juan‹ gehören zu seinen besten Illustrationen. Nach 1931 hat Slevogt keine Buchillustration mehr herausgebracht.

Dem Buch besonders zugetan war Hans Meid. Er stammte aus Pforzheim, hatte sich aber in Berlin niedergelasen. Hier lernte er Max Slevogt und auch Lovis Corinth kennen. Es ist möglich, daß er aus den Fehlern dieser beiden gelernt hat, wie man es in der Literatur lesen kann. Auf jeden Fall hat Meid das größere graphische Einfühlungsvermögen für das Buch gehabt und damit auch die Beständigkeit in seinen Arbeiten. Im Laufe seines Lebens hat sich Meid immer mehr den Gesetzen des Buches gefügt und Illustrationen geschaffen, die sich vom Schutzumschlag bis zur letzten Seite des Textes in das Gesamtbild des Buches einfügten. Meids Bilder sprengen weder die Seite des Buches, wie man es gern Slevogt vorwirft, noch sind sie ohne Zusammenhang mit dem Text wie bei Corinth. In seine frühe Entwicklungsphase fallen 60 Steinzeichnungen für Schillers ›Wallenstein‹, einer Mitgliedsgabe der Maximilian-Gesellschaft von 1914/15. Seine Freude an der Radierung zeigt sich in vielen seiner Publikationen, so im ›Faust‹ von Nikolaus Lenau (Berlin, Erich Reiss 1920/21), dem ›Ketzer von Soana‹ von Gerhart Hauptmann (Berlin, S. Fischer 1926), den ›Abenteuern des Aimé Lebeuf‹ von Michael Kusmin (Berlin, Fritz Gurlitt 1922) und vielen anderen. In den dreißiger Jahren ging Meid dann wieder mehr zur Zeichnung über. Für den S. Fischer Verlag in Berlin zeichnete er 21 Illustrationen zu Carl Zuckmayers ›Eine Liebesgeschichte‹; Pierre Corneilles ›Der Lügner‹ erschien 1940 auf der Handpresse von Joseph Würth in Darmstadt. Nach dem Zweiten Weltkrieg war Meid als Lehrer in Stuttgart tätig und verbrachte schließlich seinen Lebensabend in Ludwigsburg bis zu seinem Tod 1952.

Lovis Corinth und Max Liebermann haben ihre Verdienste ohne Zweifel in der Malerei. Die Verleger Cassirer und Gurlitt haben sich um Corinth bemüht, und es sind etliche Bücher, die der Künstler mit Lithographien, Steinzeichnungen und Radierungen versehen hat. Dazu zählt das ›Buch Judith‹ als 2. Druck der Pan-Presse, die von Cassirer unterhalten wurde, mit 22 farbigen Lithographien von 1910. Im nächsten Jahr erschien das ›Hohe Lied‹ mit 26 Lithographien ebenfalls in der Pan-Presse. Bei Gurlitt kam das Leben des Götz von Berlichingen, von ihm selbst erzählt, heraus, und Goethes ›Reineke Fuchs‹ folgte im nächsten Jahr. Corinths Illustrationen werden immer wieder von den Buchkritikern abgelehnt, da sie sich nicht in den Schriftsatz einfügen. Sie stehen in ihrer malerischen Wirkung für sich. Damit steht bereits die Frage im Raum, ob der Verleger mit solchen bibliophilen Repräsentationsstücken der Buchkunst einen Dienst erweist. Anders war es bei Liebermann. Die von ihm illustrierten Bücher gehören zu seinem Alterswerk, und es ist erstaunlich, wie anpassungsfähig sich der Künstler zeigt. Die kleinen Schriften von Heinrich von Kleist erschienen bei Bruno Cassirer in Berlin, ebenso die Novelle von Goethe. Heinrich Heines ›Der Rabbi von Bacharach‹ brachte der Propyläen-Verlag heraus. Ob es das Titelbild ist oder die Zeichnungen im Text, alle Darstellungen stehen harmonisch im Schriftbild der Seiten.

Manche Verleger jener Jahre gingen ihre eigenen Wege, sie ließen sich in keine Schablone pressen. Zu ihnen gehörte auch Kurt Wolff in

München, der nachgelassene Gedichte von Georg Heym unter dem Titel ›Umbra vitae‹ mit 47 Originalholzschnitten von Ernst Ludwig Kirchner herausbrachte. Die expressiven Holzschnitte Kirchners haben endgültig mit dem Dekorationsstil gebrochen. Aus ihnen spricht eine Generation, die sich nach dem Ersten Weltkrieg einen neuen Weg suchte. Hierher gehört vor allem der Belgier Frans Masereel, der 1889 in Blankenberghe geboren wurde, und in Gent und Paris studierte. Die Probleme der Arbeiter, das Leben des Menschen in der anonymen Masse zogen ihn an. Die Parolen Freiheit, Frieden und Menschlichkeit standen über allem, was er geschaffen hat. Seine schwarzweißen Holzschnittbücher sind ungeheuer packend und aussagekräftig. Aus der Fülle seines Werkes erscheinen 1918 ›Die Passion eines Menschen‹, 1919 ›Mein Stundenbuch‹ und ›Die Sonne‹, 1920 ›Geschichte ohne Worte‹, und 1925 ›Die Stadt‹. Alle Publikationen erschienen zuerst in französischer und dann in deutscher Sprache. Im übrigen illustrierte er Werke von Romain Rolland, Stefan Zweig, Emile Verhaeren, Emile Zola, Charles de Coster und anderen. Masereel lebte ganz den Problemen der Gegenwart. Seine politischen Zeichnungen fanden in der Zeitschrift ›La Feuille‹ ihren Platz. Nach dem Zweiten Weltkrieg war er Lehrer an der Kunstschule zu Saarbrücken und übersiedelte 1949 nach Nizza. Bücher aus diesen Jahren sind zum Beispiel ›Jeunesse‹ mit einer Einführung von Thomas Mann 1948 und ›Das Gesicht Hamburgs‹ von 1965.

Eine völlig andere Künstlerpersönlichkeit dieser Jahre war Alfred Kubin.[54] Er war Österreicher und als Sohn eines Offiziers 1877 zu Leitmeritz in Böhmen geboren. Seine Ausbildung als Zeichner erhielt er ab 1898 in München. Hier gehörte er bald zu dem Kreis, der sich um den Verleger Georg Müller gebildet hatte. Müller gab ihm dann viele Illustrationsaufträge. Kubin hat alle Kunstrichtungen des ersten Drittels des 20. Jahrhunderts miterlebt, ohne sich einer besonders anzuschließen. Er kannte Slevogt, aber seinen aus ungezählten Strichen sich zusammensetzenden Zeichenstil fand er selbst. In seinem Wesen zur Philosophie neigend, liebte er die Welt der Träume, die sich für ihn oft mit Gespenstern und Dämonen durchsetzte. Ein hinter-

[54] Abraham Horodisch: Alfred Kubin als Buchillustrator. New York 1949.

gründiger Humor blitzt zuweilen in seinen Darstellungen auf. Die Landschaftsbilder haben oft etwas Versöhnendes und sind vielleicht das einzig heitere Moment in seiner Kunst. Im Jahre 1906 bezog er mit seiner Frau den Landsitz Zwickledt bei Wernstein am Inn in Oberösterreich. Zwickledt hat er in seinem ganzen Leben nur zu kurzen Studienreisen verlassen. Kubin war ein zutiefst introvertierter Mensch. Am Anfang seiner Schaffensperiode stand eine Autobiographie ›Die andere Seite‹. Diese Niederschrift seines Lebens, die für ihn die Befreiung von einem inneren Zwang war, hat ihn zur Buchillustration geführt. Von jetzt an erlebte er die Dichtungen, die er illustrierte, als hätte er sie selbst geschrieben. Dabei ordnete sich die Illustration stets dem Wort unter, führte aber in ihrer Erlebniswelt in des Künstlers Verarbeitung in manchen Höhepunkten und Charakteren der Dichtung weit über diese hinaus. Diese Art zu illustrieren ist wohl die optimale. Allerdings wird sie da nur zu Meisterleistungen führen, wo der Illustrator mit dem dichterischen Werk kongeniale Wege geht. Das zu sehen ist Aufgabe des Verlegers, nicht nur im Fall Kubin, sondern allgemein. So war das erste Buch nach der Autobiographie von 1908 die Novellen von Edgar Allan Poe, das Georg Müller dem Künstler zur Illustration gab. Hier konnte er seine Phantasie voll einsetzen. Es sind 45 Jahre, in denen Kubin für das Buch gearbeitet hat. Dostojewskis Roman ›Der Doppelgänger‹ erschien 1913 bei Pieper in München. Die Nachtstücke von Ernst Theodor Amadeus Hoffmann kamen im gleichen Jahr bei Georg Müller heraus. Es folgten die Märchen von Hauff, Werke von Flaubert, Balzac, Kleist, Droste-Hülshoff etc. Gerhart Hauptmann, Hugo von Hofmansthal, Friedrich Huch, Franz Werfel und viele andere moderne Schriftsteller gehörten zu seinem Arbeitsgebiet. Kubin zählte zu jenen Illustratoren, die gern für das normale Gebrauchsbuch zeichneten und sich nicht auf das bibliophile Luxusbuch beschränkten. Vor allem in den vierziger Jahren und nach dem Zweiten Weltkrieg hat er manchen kleinen Druck mit seinen Zeichnungen, die immer in Strichätzung wiedergegeben wurden, versehen. Es gab auch Mappenwerke von ihm mit Lithographien, Zeichnungen und Aquarellen. Aber diese Dinge sind nicht das Wesentliche seines Werkes.

Die französische Buchillustration, die im 19. Jahrhundert mit den gleichen Impulsen arbeitete wie in Deutschland, hat im 20. Jahrhundert einen ganz anderen Verlauf genommen. Die Privatpressen fanden wenig Widerhall, und die Erneuerung der Buchgestaltung über die Schrift war auch nicht sonderlich bemerkenswert. Die Lithographie spielte um die Jahrhundertwende in Frankreich noch immer eine große Rolle und hatte viele glänzende Erfolge bei den Plakaten, die von bedeutenden Malern wie Henri Toulouse-Lautrec, Pierre Bonnard, Jules Chéret u.a. gezeichnet wurden. Diese Maler sollten dann auch in der Illustration den Ton angeben. Ambroise Vollard, 1867 geboren, gründete in Paris eine Art Kunsthandlung und Galerie, in der er junge Künstler um sich sammelte, ihre Werke ausstellte und schließlich auch verkaufte. Vollard hatte eine gute Hand, so daß er bald als Verleger auftrat und Illustrationsaufträge vergab. Maurice Denis, Henri Matisse, Pierre Bonnard und zahlreiche andere arbeiteten für Vollard. Aus der frühen Zeit um 1900 ist vor allem Paul Verlaines ›Parallèlement‹ mit 109 Lithographien und neun Holzschnitten von Bonnard zu erwähnen. Zwei Jahre später folgte von Longus ›Les Pastorales ou Daphnis et Chloé‹ mit Lithographien vom gleichen Künstler. Les livres des peintres (die Malerbücher) erscheinen manchmal in großen Abständen, aber doch beharrlich bis in die Gegenwart. Georges Braque, Raoul Dufy, Joan Miró, Max Ernst, Hans Arp etc. haben sich an diesen Illustrationen beteiligt. Es sind ganz ohne Zweifel sehr schöne Darstellungen darunter, doch gehören diese Bücher zu einer Exklusiv-Bibliophilie, die über einen kleinen Liebhaberkreis potenter Käufer nicht hinausgeht. Die Gestaltung der Bücher ist immer aufwendig, der Verbrauch des Papiers groß, der Druck meistens nicht gut. Den Einband läßt sich der Käufer oft nach eigenem Geschmack anfertigen, da die Bücher in losen Bogen geliefert werden. Nach dem Zweiten Weltkrieg gab es dann eine Neurenaissance dieser Malerbücher. Die Künstler waren zum Teil inzwischen alt geworden, aber berühmt, und die Verleger erhofften sich gute Geschäfte. So illustrierten z.B. Georges Braque, André Derain und Henri Matisse neue Bücher. Für deutsche Verleger schuf Oskar Kokoschka nochmals zu Ann Eliza Reed (1952) 10 Lithographien und für ›Die Frösche‹ von Aristophanes (1968) 12 Kaltnadel-Radierungen.

Die Malerbücher haben die Illustration ad absurdum geführt, da letztere sich meist vom Text löst und nur die Impressionen des Malers zum Text wiedergibt. So bezeichnet Miró das Illustrieren des Textes im herkömmlichen Sinn als eine minderwertige Kunst. Er macht zusammen mit seinem Freund Paul Eluard zu dessen Versen ein Buch mit dem Titel ›A toute épreuve‹, das praktisch eine schöpferische Gemeinschaftsarbeit darstellen sollte. Allerdings brauchen die Illustrationen Mirós einen Interpreten, da man sie sonst nicht versteht. Erhart Kästner[55], ein elitärer Verehrer der Malerbücher, hat in diesem Zusammenhang harte Worte für die deutschen Buchgestalter gefunden. Auch Jürgen Eyssen[56] mißt den Malerbüchern eine zu große Bedeutung zu. Warum haben die deutschen Verleger oder Mäzene diese Art von Malerbuch, wie es in Frankreich üblich war, nicht gefördert? Die Antwort auf diese Frage ist sicher umstritten, aber ohne Zweifel ist das Malerbuch nur eine Randerscheinung für Deutschland, die die eigentliche Buchgestaltung nicht beeinflußt hat. Es gehört absolut in den Bereich der Bibliophilie, die eben auch nur ein Teilgebiet der Buchkunst darstellt. Die von Slevogt illustrierten Bücher gehören wohl ohne Ausnahme zu den Malerbüchern. Letztere fanden aber im Verkauf durchaus keinen reißenden Absatz. Die französische Buchproduktion ist durchweg nüchterner in ihrer Gestaltung. Das Gebrauchsbuch ohne Illustration dominiert, während in Deutschland auch noch nach dem Zweiten Weltkrieg ein breiter Spielraum dem mit künstlerischem Einfühlungsvermögen, wozu vor allem die Illustration gehört, gestalteten Buch zukommt. Worringers Formulierung[57], daß die Freude an der erzählenden Art der Illustration ein germanisches Erbe ist, trifft für das 20. Jahrhundert genauso zu wie für das 15. Jahrhundert. Es wäre wohl dahingehend zu erweitern, daß auch der slawische Mensch die gleiche Neigung zu seiner Buchillustration zeigt. Dabei gibt es immer Ausnahmen, die aber die Grundhaltung nicht verändern. Von den Malern, die zum Kreis der Franzosen gehören, hat

[55] In: Philobiblon 6,1 (1962), S. 9—56. Ders. in: Antiquariat 18, 1/2 (1968).

[56] Buchkunst in Deutschland, vom Jugendstil zum Malerbuch. Hannover 1980.

[57] Worringer, S. 6.

der Russe Marc Chagall köstliche erzählende Illustrationen geschaffen. Vollard gab ihm 1923, bald nach seiner Emigration aus Rußland, den Auftrag, die ›Toten Seelen‹ von Nicolai Gogol zu illustrieren. Das Buch erschien erst 1948. Ebenso erging es den Fabeln Lafontaines, die in den zwanziger Jahren in Angriff genommen wurden und 1952 zum Druck kamen.

In den zwanziger Jahren erlebte der Holzschnitt im deutschen Buch wieder einen großen Aufschwung. Es ist eine ganze Gruppe von Illustratoren, die mit ihren verhältnismäßig kleinen, prägnanten Bildern zwei Jahrzehnte lang ihre Richtung vertreten. Hierzu gehören u. a. Max Unold in Rabelais' ›Gargantua‹, Reuters ›Schelmuffsky‹ oder Hans Alexander Müllers in R. L. Stevenson ›Das Flaschenteufelchen‹. Besondere Beachtung verdienen Karl Rössing und Fritz Kredel. Rössing war Österreicher und 1897 in Gmunden geboren. Seine Studienjahre verbrachte er in München. Als Lehrer unterrichtete er dann an der Folkwangschule in Essen, der Hochschule für Kunsterziehung in Berlin und von 1947 bis 1960 an der Akademie für bildende Künste in Stuttgart. Rössing wandte sich in seinen graphischen Arbeiten für das Buch dem Holzschnitt zu. Er bezeichnete seine feinen, präzisen Schnitte als Holzstiche. Sein erstes Buch dieser Art war der ›Münchhausen‹ von Gottfried August Bürger, das 1920 im Hyperion-Verlag in München erschien. Die Illustrationen gehen nun kontinuierlich weiter mit Hauffs Märchen. E. T. A. Hoffmann, Gottfried Keller, Fritz Reuter, Nikolai Gogol, Leo N. Tolstoi waren neben anderen seine Autoren. Rössing hat ähnlich wie Masereel auch Holzschnittfolgen gemacht. Seine politische Einstellung legte er in seinem Buch ›Mein Vorurteil gegen diese Zeit‹ nieder, das mit 100 Holzschnitten 1932 bei der Büchergilde Gutenberg erschien. Eine Holzschnittfolge ›Bilder zur Odyssee von Homer‹ war schon vor dem Kriege fertiggestellt, kam aber erst 1955 bei der Bauerschen Schriftgießerei in Frankfurt a. M. heraus.

Fritz Kredel, 1900 in Michelstadt im Odenwald geboren, ist der andere Illustrator, dessen Holzschnitte manche Bücher geprägt haben, bis er 1938 nach Amerika ging. Kredel ist Schüler von Rudolf Koch in Offenbach und hat dessen Arbeit bis zu Kochs Tod 1934 dort fortgesetzt. Seine ersten Illustrationen waren 270 Holzschnitte zu Rudolf

Kochs Zeichenbuch, das 1923 bei Gerstung in Offenbach gedruckt wurde und im folgenden Jahr mit 478 Holzschnitten im Insel-Verlag erschien. Im gleichen Verlag folgten 1936 die Märchen der Brüder Grimm mit 98 Holzschnitten. Besonders beliebt waren die kolorierten Zeichnungen zu ›Wer will unter die Soldaten‹, Insel-Verlag 1934, oder ›Eia Popaia‹, alte Kinderreime und Lieder, Atlantis-Verlag 1936. Die Zeichenkunst Kredels hat etwas Liebenswertes und ist ohne Problematik. Sein Werkverzeichnis ist groß. Die Verbindung zu den deutschen Verlegern nach dem Zweiten Weltkrieg war schnell wiederhergestellt. Schon 1947 erschienen die ›Bremer Stadtmusikanten‹ mit 11 farbigen Zeichnungen bei Rütten und Loening.

Die Zeichnung hat in der Buchillustration an Bedeutung zugenommen, seit Lithographie und Autotypie eine direkte Vervielfältigung ermöglichten. Ein über dem Durchschnitt stehender Zeichner jener Zeit war Josef Hegenbarth. In Böhmisch-Kamnitz wurde er 1884 geboren, studierte in Dresden und blieb dort, außer seinem kurzen Prager Aufenthalt von 1915—1919, bis zu seinem Lebensende 1962. Hegenbarth begann 1916 mit Lithographien, vor allem Radierungen von Illustrationsfolgen zu ›Wieland der Schmied‹, ›Gilgamesch‹, ›Zwei Bücher Moses‹, dem ›Nibelungenlied‹ usw. in Mappen, wie es üblich war. Er bevorzugte offenbar die Heldendichtung. Aus den dreißiger Jahren sind wenige Illustrationen überliefert. Im Jahre 1937 erschienen acht Pinselzeichnungen zu Christian Munk ›Die einsame Herde‹ bei W. Heyne in Dresden. Nach dem Zweiten Weltkrieg begann dann seine fruchtbare Zeit für die Buchillustration. In seinem Werkverzeichnis wird es deutlich, wie gern er Tiere zeichnete, die er in ihrem Wesen wiederzugeben vermochte. Freude, Schmerz und alle innere Bewegung in den Gebärden der Menschen standen im Mittelpunkt seiner Wiedergaben. Die Palette der illustrierten Autoren ist groß, darunter Märchenausgaben, Cervantes, Jonathan Swift, Charles Dickens, E. T. A. Hoffmann, Alexander Puschkin, Nikolai Gogol usw. Goethes ›Reineke Fuchs‹ kam 1950 mit 128 Federzeichnungen in Leipzig bei E. Wunderlich heraus und in einer zweiten Fassung mit 117 Zeichnungen 1964 im Insel-Verlag in Leipzig.

Zwei andere Maler und Zeichner der Generation, die um 1900 geboren wurde, sind der Österreicher Hans Fronius[58] und der Ungar Imre Reiner. Fronius, geboren 1903 in Sarajewo, ist in seiner Wesensart ähnlich wie Kubin, hintergründig, aber voller Dynamik und als Lehrer mit den Gegenwartsproblemen konfrontiert. Er liebt die Zeichnung, sei es Feder, Pinsel oder Kreide. Sein Strich ist breit, und in seiner Art zu zeichnen spürt man die Tradition einer langen Reihe von Vorgängern, von denen vielleicht Rembrandt oder Goya ihn am stärksten geprägt haben. Seine ersten Buchillustrationen entstanden etwa ab 1943 mit ›Frau Venus und die Spielleute‹ im Paul Neff Verlag zu Berlin. Es folgten Illustrationen zu Autoren wie E. T. A. Hoffmann, Honoré Balzac, Edgar Allen Poe etc. Auch zeitgenössische Schriftsteller wie Franz Kafka, Stefan Zweig, Thomas Mann, Werner Riemerschmid oder Werner Bergengruen zählen dazu. Imre Reiner[59] war Schüler von Ernst Schneidler in Stuttgart. Nach vielen Reisen, Aufenthalten in Amerika und London ließt er sich in Ruvigliana am Luganer See nieder. Seine ersten Illustrationen stammen aus den zwanziger Jahren. Eine kontinuierliche Arbeit für das Buch setzt mit den Szenen aus ›Don Quijote‹ von Miguel de Cervantes im Holbein-Verlag zu Basel ein. Es folgen u.a. Goethes Novelle mit 10 Holzschnitten bei der Petri-Presse (Basel: Benno Schwabe) 1943, Hugo von Hofmannsthals ›Andreas oder die Vereinigten‹ 1944 im Tellurium-Verlag zu Zürich. Reiner ist Maler, Illustrator und Verfasser einiger Bücher zur Schriftkunst. In seiner Buchgraphik hat er vor allem den Holzstich angewandt. Seine Darstellungen sind graphische Interpretationen zum Thema, die in klassisch verhaltener Weise gegeben werden. Aus seiner Schaffenszeit der sechziger Jahre treten ›Der Garten im Herbst‹ von Imre Reiner und Paul Appel im Verlag Ars librorum, Frankfurt 1964, und ›Die Vögel‹ von Aristophanes mit 37 Holzschnitten als Druck der Maximilian-Gesellschaft, Hamburg 1965, hervor.

[58] Walter Koschatzky: Hans Fronius. Zeichnungen u. Gemälde. Salzburg 1967.

[59] Bertold Hack: Imre Reiner, ein Buchkünstler unserer Zeit. In: Imprimatur 12 (1954/55), S. 86—122.

Nach dem Zweiten Weltkrieg gab es auch in der Buchillustration ein Neubesinnen. Manche Verbindung zwischen Künstlern und Verlegern, die lange geruht hatte, wurde wiederaufgenommen. Die literarische Produktion konnte sich ohne Einschränkung entfalten. Das Verlagswesen, in Leipzig durch den Krieg stark reduziert, brauchte etliche Jahre, bis es die Lücken überwunden hatte. Die Zweistaatlichkeit in Deutschland hat in der Buchillustration nicht zu gravierenden Unterschieden geführt. Es gibt ideologische Divergenzen, aber in der Auffassung der Illustration hat sich inzwischen in der ganzen Welt ein gewisses Schema herausgebildet. Darunter versteht man zunächst die erzählende Darstellung, an zweiter Stelle die im losen Zusammenhang mit dem Text interpretierende Art und schließlich die ohne Textzusammenhang meditierende oder neuschöpfende Darstellungsweise in graphischer oder malerischer Manier. In dieses Schema lassen sich wohl alle Illustrationen einstufen. Georg Kurt Schauer[60] versucht eine Zweiteilung in dynamische und statische Illustration, meint allerdings selbst, daß sich darunter nicht alles einstufen läßt, da die Abgrenzung manchmal schwerfällt. Hans Adolf Halbey[61] stellt stilkritische Leitlinien auf und ordnet die Illustratoren auf diese Weise in ein gewisses Schema ein, was meines Erachtens noch schwieriger ist. Zur expressionistischen Stilrichtung zählt er Künstler wie Fronius, Kokoschka, Kubin, Masereel, Hansen-Bahia, Rössing etc., während Grieshaber, Hegenbarth, Kraaz und Böhmer nur expressionistische Elemente aufgenommen und verarbeitet haben. Eine klassisch orientierte Komponente sieht Halbey in jenen Vertretern, die sich vom Mittelmeerraum beeinflussen ließen wie Richard Seewald, Eduard Bargheer und Heinz Battke. Rohse, Reiner und Willberg möchte er unter dem Begriff der graphischen Imagination zusammenfassen. Allerdings wird es dann schon fast unmöglich, diese kunsthistorische Betrachtungsweise einzuhalten, wie Halbey selbst gesteht, da sich zu viele Kriterien ergeben. Es scheint meiner Meinung nach eine Sche-

[60] Deutsche Buchkunst 1890 bis 1960. Bd. 1.2. Hamburg: Maximilian-Gesellschaft 1963. Bd. 1, S. 211ff.

[61] Die Buchillustration in Deutschland, Österreich und der Schweiz. Bd. 1, S. 12ff.

matisierung nur möglich zu sein, wenn sie von der äußeren Beurteilung herkommt, wie der Künstler den Stoff behandelt, ohne eine stilkritische Einordnung vorzunehmen. Auf der anderen Seite heißt das auch, daß dem Künstler jeder Individualismus zugestanden wird, und das macht sich allenthalben in der Buchillustration der Gegenwart bemerkbar.

Die Tendenz, daß Verlage, Schriftgießereien und Privatpressen die Illustration des Buches bestimmen, hat sich in den letzten Jahrzehnten durchgesetzt. Ebenso ist die bibliophile Exklusivität weitgehend abgebaut worden. Das sogenannte Gebrauchsbuch zeigt sich genauso vorzüglich illustriert wie der in geringer Auflage hergestellte Pressendruck. Das hat dazu geführt, daß wir in Deutschland keine Privatpressen mehr im alten Sinn des persönlichen Mäzenatentums haben. Die Grillenpresse in Hamburg ist der dortigen Kunstakademie angeschlossen, die Golden-Brunnen-Presse war Bestandteil der inzwischen liquidierten Bauerschen Schriftgießerei in Frankfurt a.M. Die dortige Trajanus-Presse entstand im Verbund der D. Stempelschen Schriftgießerei. Gotthard de Beauclair, der auch die Trajanus-Presse leitete, unterhält in seinem Verlag Ars librorum eine Art Privatpresse, indem er sich nur bibliophilen Buchausgaben widmet. Unter den Verlagen hat sich vor allem die Büchergilde Gutenberg dem illustrierten Buch zugewandt, aber auch der Insel-Verlag ist seiner Tradition treu geblieben. Auffallend ist, daß sich bei den Verlagen die sogenannten „Haus"-Illustratoren immer größerer Beliebtheit erfreuen.

Die Bauersche Schriftgießerei brachte 1957 zusammen mit der Maximilian-Gesellschaft den zweiten Teil des ›Faust‹ von Goethe heraus und veröffentlichte damit erstmals 35 Zeichnungen, die Max Beckmann in den Jahren seiner Emigration 1943/44 im Auftrag von Georg Hartmann, dem Inhaber der Schriftgießerei, angefertigt hatte. Beckmann war von Geburt Leipziger, lehrte seit 1925 an der Städelschule in Frankfurt am Main. Auf Grund seiner jüdischen Abstammung wurde er 1933 entlassen, ging 1937 nach Amsterdam und 1947 nach Amerika. Sein buchgraphisches Werk ist nicht groß. Für seine graphischen Arbeiten bevorzugte er Radierung und Lithographie. Die Zeichnungen zu Goethes ›Faust‹ sind eine Auseinandersetzung mit dem Stoff. Sie tragen aber deutlich die grüblerischen Züge seines subjektiven Schicksals. Beckmann starb 1950 in New York, ohne das Buch gesehen zu haben.

Es gab eine ganze Reihe Künstler, die dem Nachkriegsdeutschland erst wieder in Erinnerung gerufen werden mußten. Hierzu gehörte nicht nur Max Beckmann, sondern auch Max Ernst, Hans Arp etc., alle jene, die während der Zeit des Nationalsozialismus als entartet galten. Zu diesen Künstlern zählte auch der Spanier Pablo Picasso. Er wurde 1881 in Malaga geboren, lebte aber seit 1904 in Frankreich. Als Maler zählt Picasso zu den größten des 20. Jahrhunderts, auch sein graphisches Werk ist allgemein bekannt. In diesem großen Gesamtwerk kommt der Buchillustration nur ein geringer Anteil zu. Er gehörte zu den Künstlern, die von Ambroise Vollard aufgefordert wurden, für das Buch zu zeichnen. So schuf er bereits von 1904 bis 1913 eine Folge von 14 Radierungen, die unter dem Titel ›La famille de Saltimbanques au Macaque‹ bekanntgeworden sind. Es sind erzählende Familienszenen. Picassos stilistische Wandlungen zeigen sich auch in seinen Buchillustrationen. Aus seiner kubistischen Periode gibt es u.a. vier Radierungen zu M. Jacob ›Saint-Matorel‹ und 1914 vom gleichen Verfasser drei Radierungen zu ›Le Siège de Jérusalem, grande tentation céleste de Saint-Matorel‹. Beide Publikationen wurden von Henri Kahnweiler in Paris herausgebracht. Die ›Metamorphosen‹ des Ovid erscheinen mit 30 Radierungen 1931 bei dem Verlag Skira in Lausanne. Es sind fast weiche Umrißzeichnungen zum Text, wie sie zu jener Schaffensperiode gehören. So zeichnet der Künstler immer wieder in Abständen von einigen Jahren für Buchausgaben. Man könnte vielleicht auch sagen: er überläßt dem Verleger aus der Fülle seiner Arbeiten etwas zu einem Thema; denn die meisten Darstellungen sind nicht an den Autor gebunden, sondern lassen sich auch zu einem anderen Thema verwenden. Herrliche Tierzeichnungen entstanden für eine Ausgabe von Buffons ›Histoire naturelle‹, die 1942 bei Fabiani in Paris herauskam. Ein Niederschlag von Picassos Vorliebe für die Lithographie findet sich in den 123 Zeichnungen für ›Le Chant des Morts‹ von P. Reverdy in dem Verlag Tériade 1948 zu Paris. Im nächsten Jahr machte er 38 Kupferstiche zu Gedichten von Prosper Mérimée. Seine Schaffenskraft ist ungebrochen. Im Jahre 1956 erscheinen u.a. Illustrationen zur ›Chronique des Temps Historiques‹

von M. Jacob bei L. Broder in Paris. Ein Blick auf die anderen französischen Malerbücher zeigt, wie manche Publikation nach dem Zweiten Weltkrieg erschien, die von Künstlern gestaltet wurde, die weit vor 1900 geboren wurden.[62] Der berühmte Name gab dem Verleger eine gewisse Sicherheit für den Absatz. In Deutschland bewunderte man diese Werke, die das Kennenlernen der französischen Maler ermöglichten und den Nachholbedarf vor allem bei der jüngeren Generation befriedigen konnte. Zu diesen Malern gehört auch der 1882 geborene Georges Braque. In seinen jungen Jahren hatte er sich stark dem Kubismus zugewandt, doch fand er zu einer begrenzten Gegenständlichkeit zurück. Er liebte vor allem das Stilleben, das sich auch in seinen Illustrationen zeigt. Zum Beispiel in dem schlichten, aber eindrucksvollen Titel zu „Le Soleil des Eaux", der sich nur aus einer angedeuteten Sonne, Wasserspuren und Fischen zusammensetzt, in die der Titel hineingesetzt ist. Die Illustrationen zu diesem Werk von dem Autor R. Char brachte der Verlag Matarasso 1949 in Paris heraus. Für den Verleger Maeght lieferte Braque 1950 fünf Darstellungen zu ›Milarepa; Magicien, Poète, Eremite tibétain du XIe siècle‹, in der Übersetzung von Jacques Bacot. Im gleichen Verlag erschien 1955 Hesiods ›Théogonie‹ mit griechischem Text und 20 Radierungen von Braque. Ein Teil dieser Radierungen war schon 1932 für Vollard gemacht worden, ein typisches Beispiel für den langen Zeitraum, der oft benötigt wurde, bis ein solches Malerbuch abgeschlossen werden konnte.

Der Holzschnitt fand in Frankreich genau wie in Deutschland bei den Expressionisten in der Gruppe der Fauvisten, die diesen entsprachen, besondere Wertschätzung. Es war in erster Linie der Farbholzschnitt, der eine starke Ausdrucksfähigkeit besaß, wie überhaupt den französischen Malern das Verdienst zukommt, Farbe in das Buch gebracht zu haben. Bei dem größten Teil der Malerbücher gibt es eine oder mehrere farbige Illustrationen, die einen starken visuellen Reiz auf den Betrachter ausüben. Raoul Dufy, geboren 1877, fertigte 33 Holzschnitte zu Apollinaires ›Le Bestiaire ou Cortège d'Orphée‹ an.

[62] Les peintres et le livre. Catalogue Nr. 6. Constituant un essai de bibliographie des Livres Illustrés de gravures originales par les peintres et les sculpteurs de 1867 à 1957. Genève: Rauch 1957.

Dieses berühmte Buch erschien erstmals 1911 und wieder 1931 in erweiterter Ausgabe. 100 Lithographien in leuchtenden Farben entstanden zu Alphonse Daudets ›Aventures prodigieuses de Tartarin de Tarascon‹ bei Scripta et Picta zu Paris 1937. Ein anderer Künstler ist André Derain, geboren 1880, der ebenfalls zu den «Fauves», den Wilden der Avantgarde von 1911 zählt. Viel beachtete Holzschnitte schuf er für eine Ausgabe von Apollinaires ›L'Enchanteur pourissant‹, die 1909 bei Kahnweiler herauskam. Mit 128 farbfrohen Holzschnitten illustrierte er eine Ausgabe von Rabelais' ›Pantagruel‹, Paris, bei Skira 1943. Köstliche Umrißzeichnungen in Kupfer gestochen lieferte Dérain für Petronius Arbiters ›Le Satyricon‹, Paris 1951. Im Jahre 1955 brachte der Cercle Lyonnais du Livre zu Lyon eine Publikation ›Odes Anacréontiques. Traduction des Leconte de Lisle‹ mit 50 Lithographien des Künstlers heraus. Der Mittelpunkt der erwähnten Künstlergruppe war der 1869 geborene Henri Matisse. Seine Umrißzeichnungen schmücken manches Buch. Für den Verleger Skira entstanden 1932 zu einer Ausgabe von Gedichten von Mallarmé 29 Radierungen. Montherlants ›Pasiphaé, Chant de Minos‹ illustrierte Matisse mit seinen schwarzgrundigen, nur in den weißen Linien die Zeichnung wiedergebenden Holzschnitten, die mit dem Hohleisen aus dem Holzstock herausgeholt wurden. Lithographien verwandte der Künstler im ›Florilège des amours de Ronsard‹, Paris, bei Skira 1948, und für Charles d'Orléans ›Poèmes‹, bei Tériade, Paris 1950. Ein Künstler anderer Prägung war der 1884 geborene André Dunoyer de Segonza, er liebte die feinstrichige Radierung. Als Beispiel sei ›Bubu de Montparnasse‹ von Ch. L. Philippe erwähnt, 1929 herausgegeben von der Société Lyonnaise Les XXX in Lyon. Die Illustrationen des Künstlers fügten sich gut in den Text ein. Im Jahre 1955 erschienen im Verlag des Künstlers 51 Radierungen zu Sonetten von Ronsard. Das französische Verlagswesen hat die Tradition der Malerbücher aufrechterhalten. An die Stelle von Vollard und Kahnweiler traten andere Verleger und junge Künstler. Der Verlag Tériade gab die Zeitschrift ›Verve‹ heraus, und die Galerie Maeght ließ das Fortsetzungswerk ›Derrière le miroir‹ erscheinen, das fortlaufend junge Künstler vorstellt.

In Deutschland trägt die Illustration wieder internationalen Charakter nach den Jahren der Einengung durch den Nationalsozialismus. So sind die Österreicher Hans Fronius und Paul Flora genausogut im deutschen Buch vertreten wie die Schweizer Hans Erni und Celestino Piatti. Felix Hoffmann,[63] 1911 in Aarau geboren, studierte an der Landeskunstschule in Karlsruhe und bei Hans Meid in Berlin. Er hat sehr viele Bücher illustriert, beschäftigt sich aber auch mit Glasmalereien, Wandbildern und Sgraffiti. Hoffmann lebt nach seinen Studienjahren in Deutschland wieder in der Schweiz. Federzeichnungen, Farbholzschnitte und Lithographien gehören vornehmlich in seinen Arbeitskreis. Seine ersten Illustrationen gehen bis 1932 zurück. Goethes ›Campagne in Frankreich 1792‹ erschien mit 76 Federzeichnungen 1947 im Amerbachverlag zu Basel. Viele seiner Illustrationen arbeitete er für den Verlag Sauerländer in Aarau und für den Birkhäuser-Verlag in Basel. Die Trajanus-Presse in Frankfurt a.M. zog ihn schon 1956 zur Illustrierung von Werner Bergengruens ›Die drei Falken‹ heran. ›Die Nymphe von Fiesole‹ von Giovanni Boccaccio in einer Übertragung von Rudolf Hagelstange mit 38 Holzschnitten von Hoffmann war dann der erste größere Druck, den die Trajanus-Presse herausbrachte. Ihm folgte ›Lucidor‹ von Hugo von Hofmannsthal mit 12 Holzstichen. Holzstiche waren für Hoffmann keine alltägliche Sache, aber er ging auf die Anregung Beauclairs ein, und es wurde eine gelungene Publikation. Der Künstler wandte dann den Holzstich auch noch in weiteren Büchern an wie z.B. im ›Heiligen Abend‹ von Adalbert Stifter (Frankfurt, Insel-Verlag 1960). Die Arbeit für die Trajanus-Presse setzte sich mit Mozarts Briefen aus Paris (1963) fort. Für den Verlag Gotthard de Beauclairs, Ars librorum, schuf er im gleichen Jahr sechs Radierungen zu ›Amor und Psyche‹ von Apuleius. Hoffmanns Darstellungen sind nicht abstrakt, sie geben das Wesentliche in mitunter malerischer Form.

Einer der besten Illustratoren der fünfziger und sechziger Jahre war der früh verstorbene Gerhart Kraaz. Er war Maler und Graphiker, wurde 1909 in Berlin geboren und lebte nach dem Zweiten Weltkrieg in Frankfurt a.M. Seinem ersten Versuch in der Buchillustration folgten rasch weitere, und er hat in fast 20 Jahren zahlreiche Bücher

[63] Georg Kurt Schauer: Der Schweizer Illustrator Felix Hoffmann und die Trajanus-Presse. In: Philobiblon 4, 1 (1960), S. 21—33.

gestaltet. Es begann mit 31 Zeichnungen für die ›Bunten Steine‹ von Adalbert Stifter der Büchergilde Gutenberg. Die schönsten Märchen von Hans Christian Andersen, die bei Bertelsmann (Gütersloh: Mohn 1959) erschienen, illustrierte er mit 214 teils farbigen Zeichnungen. Kraaz konnte humorvoll, mit sprechender Mimik und kraftvollem Strich in seinen Darstellungen erzählen. Cervantes' ›Don Quijote‹ im Verlag Rütten und Loening 1961, ›Der grüne Heinrich‹ von Gottfried Keller im Mosaik-Verlag zu Hamburg 1963 sind Beispiele dafür. Es gibt aber auch grüblerische Blätter von Kraaz, in denen er stark bewegt um Ausdruck ringt. Dreißig großangelegte Lithographien schuf er für das ›Canticum canticorum‹, das ›Hohe Lied‹, das 1962 im Verlag Beauclairs in Frankfurt a.M. erschien.

Zwei ausgesprochene Holzschneider, die von der Nachkriegszeit geprägt sind, sind zu erwähnen: HAP Grieshaber (HAP = Hellmut Andreas Paul) und Karl Heinz Hansen-Bahia. Grieshaber, in Rot an der Rot geboren, war Schüler von Ernst Schneidler in Stuttgart und gelernter Schriftsetzer.[64] Sein Leben verlief in unkonventionellen Bahnen. In jungen Jahren machte er viele Reisen in den Mittelmeerraum, dem er eine große Zuneigung bewahrt hat. Nach dem Krieg ließ er sich auf der Achalm bei Reutlingen nieder und wandte sich mit Leidenschaft dem Holzschnitt zu. Seine Darstellungsweise hat etwas Archaisches. Das Flächenhafte des Holzschnittes spricht aus allen seinen Werken, die in ihrer leuchtenden Farbigkeit starke Anziehungskraft ausstrahlen. Pablo Nerudas ›Die Höhen von Macchu Picchu‹ bei Hoffmann und Campe in Hamburg 1965 illustrierte er mit 10 Farbholzschnitten. Die ›Carmina burana‹ von Carl Orff enthalten 13 Farbholzschnitte und erschienen 1965 bei der Manus-Presse in Stuttgart. Die Bilder Grieshabers stehen eigenständig neben dem Text. Sie sind Visionen des künstlerischen Geschehens.

Ein anderer Holzschneider, dessen Lebensschicksal die Nachkriegsjahre entschieden, ist Karl Heinz Hansen-Bahia.[65] Aus ihm

[64] Margot Fürst: Der Holzschneider HAP Grieshaber. Stuttgart 1965, erw. Neuaufl. 1971.

[65] Christian Otto Frenzel: Hansen-Bahia. Stationen und Wegmarken eines Holzschneiders. Hamburg 1960.

spricht eine Art Naturbegabung. Er wird 1915 in Hamburg geboren, nach einer Lehrzeit im Malerhandwerk fuhr er als Matrose der Reichsmarine zur See. Den Krieg macht er bis zum Ende mit. Wieder in der Heimat, malt er Bilder der zerstörten Stadt Hamburg und schließt sich den Sonntagsmalern an. Dann machte er Märchenbücher und wurde Mitarbeiter im Kinderfunk des Senders Hamburg. Im Jahre 1949 ging er nach Schweden und wanderte von dort über Norwegen und England nach Brasilien aus. Er wurde Hersteller in einem Verlag zu Sao Paulo. In all diesen Jahren hat er sich immer mehr dem Holzschnitt zugewandt, bis er 1956 seine eigene Werkstatt unter primitivsten Bedingungen in Manchete am Strand von Amaralina in der Nähe von Salvador-Bahia aufbauen konnte. Hansen ist dem Holz förmlich verfallen. Er schneidet ohne Vorzeichnung, die Art des Holzes ist ihm gleich. Seine Themen beziehen sich auf die Menschen seiner Umgebung. Es entstanden Holzschnittfolgen ähnlich wie bei Masereel. Die sozialen Verhältnisse der Hafenstädte zogen ihn an. So schnitt er Holzschnittgeschichten wie ›Salomon und die Königin von Saba‹ 1965 (Verlag Schrift und Bild in Hildesheim), ›Tanzende Gallakrieger‹ und die ›Reise nach Bahia‹. In Sao Paulo erschienen 1952 sechs Holzschnitte zu Chamissos ›Peter Schlemihl‹, dann folgte u.a. ›Flor de S. Miguel‹ mit 46 Holzschnitten, einem Vorwort von Jorge Amado, einem Gedicht von Vinicius de Morais und verbindende Texte von José Pedeira. Dieses Werk erschien in drei Ausgaben. Ernst Hauswedell in Hamburg brachte 1961 von Bert Brecht ›Songs aus der Dreigroschenoper‹ mit 21 Holzschnitten heraus. Die Wissenschaftliche Buchgesellschaft Darmstadt ließ 1962 ›Die Abenteuer des Odysseus‹ mit 12 Holzschnitten Hansens verlegen. Das Odysseus-Thema zog den Künstler an, aber es ist ein schwarzer Odysseus, wie ihn Brasilien hervorgebracht haben könnte, und kein hellenistischer Grieche. Hansen kehrte von 1959 bis 1963 nach Deutschland zurück und errichtete ein Atelier auf der Burg Tittmoning in Oberbayern. Es hielt ihn aber nicht lange, er übernahm eine Professur in Addis Abeba — aber Äthiopien vermochte ihn auch nicht zu halten — und so ging er nach Salvador-Bahia zurück, um brasilianischer Bürger zu werden. Hansens Holzschnittwerk erstreckt sich über zahllose Blätter und Blattfolgen. Die schwarze Flächigkeit seiner Holzschnitte mit den unverkennbaren Gebärden der schwarzen Bevölkerung Brasiliens wirkt fast gleichförmig, ist aber sehr ausdrucksstark.

Wie verschieden das Holz den Künstler anspricht, zeigen die Arbeiten Otto Rohses.[66] Ihn reizt nicht der Langholzschnitt, sondern der harte, feinlinige Holzstich. Rohse wurde 1925 im ostpreußischen Insterburg geboren. Er besuchte bis 1943 die Schule in Königsberg und wurde dann Soldat. An der Arnofront verlor er sein Skizzenbuch und verbrachte in Schottland mehr als drei Jahre in englischer Gefangenschaft. So kam er 1948 mit nichts als seiner Begabung und einem klaren Verstand in Hamburg an. Hier stieß er auf Richard von Sichowsky, dessen Meisterschüler er wurde. Für Sichowsky zählte zunächst einmal das Typographische und dann die Illustration. Das heißt aber nicht, daß er beispielsweise bei der Grillenpresse ganz auf illustrierte Bücher verzichtete. Er beeinflußte den Bildhauer Gerhard Marcks zu seinen markanten Holzschnitten für die Tierfabeln des Aesop und zu den 11 Holzschnitten für Philipp Otto Runges ›Von dem Fischer und syner Fru‹. Beide Bücher erschienen bei der Grillenpresse. Rohse war ein kongenialer Schüler Sichowskys. Die Liebe zum harten Zeichenstift hegte er schon in der Schule. Daraus wurde dann später die Neigung zum Kupfer- und Holzstich. In diesen Techniken ist er Autodidakt. Seine Vorbilder waren Imre Reiner und Karl Rössing. Rohses erstes Buch für die Grillenpresse waren die ›Fünf Versmärchen für Kinder‹ von Friedrich Rückert mit 22 Holzstichen, Hamburg 1954. Im Jahre 1961 war Rohse Lehrer an der Werkkunstschule Offenbach, ging aber wieder nach Hamburg zurück und gründete dort 1962 die Otto-Rohse-Presse. Goethes Briefe aus Venedig mit 28 Kupferstichen, die 1964 erschienen, ist eines seiner Hauptwerke. Der Künstler gibt sich in seiner Darstellungsweise nicht abstrakt, aber doch mit solcher Realität, daß die Erfassung nur über den Verstand geht. So sagte er selbst einmal, daß er die Illustration (gemeint ist die erzählende) scheut. Bei der Gründung seiner Presse stellte er keine Richtlinien auf; es wird gedruckt, was den Besitzer der Presse anzieht. Das Sendungsbewußtsein der alten Privatpressen hat hier keinen Platz mehr.

[66] Bertold Hack: Otto Rohse, Drucker und Illustrator. In: Imprimatur, N. F. V (1967), S. 158–179.

Zur gleichen Generation wie Rohse gehört Günter Stiller, der 1927 in Hamburg geboren wurde. Auch er ist Realist. Seine stärkste Technik ist der Holzschnitt, aber er möchte auf keinen Fall nur auf eine Technik festgelegt werden. Er versucht sich in der Farblithographie, in Materialdrucken und Mischstilen. Viele seiner Holzschnitte sind mit der Laubsäge ausgeschnitten. Stiller beginnt mit seinen Buchillustrationen bei der Büchergilde Gutenberg. Erich Kästners ›Drei Männer im Schnee‹ erscheint 1957 mit 32 Zeichnungen, und nun folgt Titel um Titel. Zu Nikolai Gogols ›Abende auf dem Vorwerk und andere Erzählungen‹ gibt es 124 Holzschnitte. Das Buch wird von der Büchergilde 1962 und von Kiepenheuer & Witsch im nächsten Jahr herausgebracht. Die ›Schelmenzunft‹ von Thomas Murner wird 1968 mit 33 Holzschnitten von Hauswedell in Hamburg verlegt. Stiller hat mit Erfolg viele Kinderbücher gemacht. Zusammen mit Hans Adolf Halbey als Texter erschien der Pampelmusensalat, mit Josef Guggenmos ›Was denkt die Maus am Donnerstag‹ oder mit dem gleichen Autor ›Wer nie ein Nilpferd gähnen sah‹. Stillers trockener Humor blitzt in allen seinen Darstellungen auf.

Es ist unmöglich, alle Namen der Buchillustratoren zu erwähnen, die seit dem Ende des Zweiten Weltkrieges produziert haben. Doch kann man an Werner Klemke, der in Ostdeutschland lebt, nicht vorbeigehen. Er wurde 1917 in Berlin geboren, gehört also zu der Generation, die den Krieg mit allen seinen Folgen erlebt hat. Klemke ist im Grunde Autodidakt. Er zeichnete nach seinem Abitur für den Trickfilm. Nach dem Krieg war er zunächst Gebrauchsgraphiker, entfaltete sein Talent aber sehr schnell und wurde Dozent und Professor an der Hochschule für bildende und angewandte Kunst in Berlin-Weißensee. Klemke ist in seiner Gestaltung ein sprudelnd einfallsreicher Erzähler und talentierter Zeichner. Von den graphischen Techniken bevorzugt er den Holzstich und die Schabtechnik. Die Palette der von Klemke illustrierten Bücher erstreckt sich über die ganze Weltliteratur, ob das die Märchen von Andersen sind oder ›Onkel Toms Hütte‹ von Harriet Beecher-Stowe, der ›Till Eulenspiegel‹ mit 114 Illustrationen in Schabtechnik oder Christian Reuters ›Schelmuffsky‹ mit 43 Holzstichen, ist gleich, für Klemke zählt nur der Text, den er illustriert. Eine Ausgabe der Grimmschen Märchen erschien 1962 im Kinderbuchverlag Berlin mit 303 farbigen Bildern in Schabtechnik, eine weitere Ausgabe dieses Buches gab der Verlag C. H. Beck 1963 in München heraus. Es folgen u.a. Geoffrey Chaucers ›Canterbury-Erzählungen‹ mit 55 zweifarbigen Zeichnungen, Berlin, Rütten und Loening 1963, und Berlin, F. A. Herbig 1965. Es reiht sich Titel an Titel bis hin zu Kinderbüchern.

Ein Illustrator, den man gerne in die Nähe der französischen Malerbücher rücken möchte, ist Gunter Böhmer.[67] Er wurde 1911 in Dresden geboren und studierte bei Emil Orlik und Hans Meid in Berlin. Hier lernte er auch Max Slevogt kennen. Reisen nach Frankreich und eine Einladung von Hermann Hesse nach Montagnola veranlaßten den Künstler schon 1933, sich im Tessin niederzulassen. Wiederholte Aufenthalte in Frankreich und Italien ebenso wie eine Freundschaft mit dem Maler Hans Purrmann lassen ihm die südliche Alpenlandschaft zur zweiten Heimat werden. Er nimmt den Zauber dieser heiteren, lichtdurchfluteten Welt ganz in sich auf. In seinen Zeichnungen erscheinen immer wieder Bilder seiner Umgebung. Aus seiner Dresdener Kinderzeit hat er sich die Liebe zu Pferden erhalten. Über seinen Zeichnungen, Aquarellen und farbigen Tuschzeichnungen liegt der Schleier der Poesie. Im vorgerückten Alter, vielleicht auch in der Auseinandersetzung mit der Gegenwartskunst, erscheinen abstrakte Züge. Böhmer ist kein erzählender Illustrator, vielleicht kann man ihn in die Nachfolge seines Lehrers Meid und der Impressionisten stellen. Hätte in Deutschland ein wirkliches Bedürfnis nach Malerbüchern bestanden, mit Böhmer hätte es sich bestimmt verwirklichen lassen. Statt dessen verläuft sein Werk genau wie das seiner Berufskollegen mit kleinen und größeren Illustrationsaufträgen für bibliophile, private Kreise und die üblichen Verlagserscheinungen. Aus der Fülle des Gesamtwerkes seien erwähnt: ›Madame Bovary‹ von Gustave Flaubert mit 49 Aquarellen (Zürich Frets 1938) für The Limited Editions Club in New York, ›Gesammelte Werke‹ von Curt Goetz in drei Bänden, Merligen 1936. Eichendorffs ›Aus dem Leben eines Taugenichts‹ gibt der Rainer Wunderlich-Verlag 1937 und in Neuausgabe 1945 heraus. ›Mozarts Reise nach Prag‹ von Eduard Mörike

[67] Gunter Böhmer. Mit einer Einf. v. Peter Mieg. Dokumentation von Hans A. Halbey. St. Gallen 1963.

1939 für den Reclam-Verlag in Stuttgart ist mit 25 Zeichnungen illustriert. Gerhart Hauptmanns ›Der Ketzer von Soana‹, Nicolai Gogols ›Der Mantel‹, Kelvin Lindemanns ›Ein Abend in Kopenhagen‹ sind Titel, die 1958 von Böhmer illustriert wurden. Schließlich sei noch das ›Hohe Lied Salomonis‹ erwähnt, das mit der typographischen Gestaltung von Richard von Sichowsky und 19 Zeichnungen Böhmers 1962 bei Erich Hoffmann in Heidenheim verlegt wurde.

In den sechziger Jahren zieht eine neue „Avantgarde" in die Buchillustration ein. Es sind die Graphiker, die in den dreißiger Jahren geboren wurden. Für sie ist die technisierte Welt eine Tatsache. Das Generationenproblem tritt allgemein stark hervor. Es entstehen Begriffe wie „die heile Welt" der Alten. Ästhetik ist nicht mehr gefragt. Man sucht die Konfrontation mit der Vergangenheit, auch ideologische Einstellungen spielen eine Rolle. Die sogenannten Minipressen machen von sich reden. Das Material, das man zum Drucken und Illustrieren braucht, ist unkonventionell. Die Eremiten-Presse, die V. O. Stomps in Stierstadt im Taunus unterhält, ragt aus der Masse hervor. Man druckt auf Packpapier und freut sich, wenn die Kritiker sich entsetzen. Stomps zieht junge Leute an, unterrichtet sie und fördert ihre Begabungen, soweit es in seiner Möglichkeit steht. An Illustratoren ging aus diesem Kreis u.a. der 1935 in Berlin geborene Christoph Meckel hervor. Man schreibt die Texte vielfach selbst oder nimmt zeitgenössische Autoren. Spott und Satire sind beliebt. Die Darstellungsweise reicht vom modernen Surrealismus bis zur Pop-Art. Ein ausgewähltes Forum dieser Richtung entsteht bei der Büchergilde Gutenberg.

Eine besondere Stellung hat sich das Kinderbuch nach dem Zweiten Weltkrieg errungen. Die Kinder sind der bildfreudigen Umwelt unserer Zeit mit ihren Vor- und Nachteilen am stärksten ausgesetzt. Leider wird nur selten eine Vorauswahl unter pädagogischen Gesichtspunkten darüber getroffen, was Kindern anzubieten ist oder nicht. Es ist aber auch erfreulich festzustellen, daß Kinder durchaus einen natürlichen Instinkt haben und einen eigenen Geschmack entwickeln und sich nicht bedingungslos manipulieren lassen. Zunächst einmal galt es die Flut der Walt-Disney-Trickfilme und Comic-books zu überstehen. Die Mickymaus allein hätte man verkraften können, wenn sie nicht so langsam die ganze Tierwelt als plappernde, verniedlichte und der Wirklichkeit entrückte Plastikfiguren nach sich gezogen hätte. Es begannen sich erste Bedenken gegen diese Scheinwelt zu regen. Für Disney und seine Partner war und ist das alles ein Geschäft. Die deutschen Jugendschutzgesetze kontrollieren zwar das Eindringen von brutalen Horror-Strips, aber das beste Bollwerk ist wohl immer noch ein natürliches Empfinden gegen diese Kinowelt. Hier setzen die Bemühungen der heutigen Kinderbuchmacher ein. Es sind verschiedene Wege, die sie gehen. Ihre Problemstellungen sind manchmal vielleicht zu subtil und schwer verständlich, aber an der Notwendigkeit der Bemühungen, dem Kiosk an der Ecke eine Alternative zu bieten, zweifelt niemand mehr. Die Kinderbuch-Ausstellungen der Internationalen Jugendbibliothek in München, des Klingspor-Museums in Offenbach am Main, die Biennale in Bratislava (eine alle zwei Jahre stattfindende Kinderbuchausstellung mit Prämierung), die Jugendbuchpreise, die Arbeit der verschiedenen Verlage etc. haben sich in das Bewußtsein einer breiteren Öffentlichkeit eingeprägt, so daß das Angebot dieses Buchmarktes nie so umfangreich war wie heute. Die einzelnen Buchgraphiker bekennen sich weitgehend zu bestimmten Auffassungen in ihren Illustrationen.

Der Tscheche Jiří Trnka ist der erste Graphiker nach dem Krieg, mit dem sich die Kinderbuchgestalter auseinanderzusetzen haben. Der 1912 in Pilsen geborene Künstler kam aus der Tradition der heimischen Volkskunst-Schnitzereien. In seiner Familie hatte er in Heimarbeit hölzernes Spielzeug gemacht. Hier liegen die Wurzeln für sein Gesamtwerk. Puppentheater und Zeichentrickfilme machten ihn berühmt, bevor er seine Bilderbücher schuf. Trnkas Figuren sind Spielzeuggestalten, die sich in einer phantasievollen Märchenwelt bewegen. Mit Faltpuppen werden die Kinder zum Mitspielen angeregt. Die Texte waren gewöhnlich, jedoch mit einigen Abänderungen, dem Bereich des Märchens entnommen. Trnka hat aber auch Andersens und Grimms Märchen illustriert. Seine fröhliche Bilderwelt der Spielzeugkiste ist auch heute noch, nach drei Jahrzehnten, unterschwellig in manchem Bilderbuch aufzuspüren.

Eines der bedeutenden Kinderbücher der Nachkriegszeit ist der ›Gestiefelte Kater‹ von Charles Perrault mit den Illustrationen von dem Schweizer Hans Fischer. Er wurde 1909 in Bern geboren, erhielt in Genf und Paris eine gute Ausbildung als Maler und Graphiker. Schaufensterdekoration, Werbefilm, Gebrauchsgraphik, Mitarbeit an Zeitschriften wie dem ›Nebelspalter‹, ein großes Wandbild im Flughafen Kloten waren seine Arbeitsgebiete, bevor er sich dem Bilderbuch zuwandte. Fischer ist kein erzählender Illustrator, sondern gehört zu jener Gruppe, die den Text im losen Zusammenhang interpretieren. Er hebt das Wesentliche der Erzählung bildnerisch hervor und läßt es sich dann wie einen roten Faden durch die Geschichte fortsetzen. Im ›Gestiefelten Kater‹ sind es die Stiefel, mit denen der Kater allerlei Kapriolen macht. Sie sind ihm unbequem, aber sie verkörpern seine Würde. Die Katzenbilder sind mit so großer Einfühlung gezeichnet, daß sie, auch einzeln betrachtet, in ihrem Ausdruck die Handlung der Geschichte fortführen. Fischer schuf auch Bildtafeln zu einzelnen Märchen. Mit Hilfe dieser Illustrationen können die Kinder die Geschichte selbst nacherzählen. Vielleicht gehört einige Intelligenz dazu, aber da die Kinder nicht lesen können, für die die Tafeln gedacht sind, wird man es ihnen einmal vorerzählen und dann sicher ein Echo finden.

In die Nachkriegszeit gehören vor allem die Kinderbücher von Gerhard Oberländer. ›Pingo und Pinga‹ (1953), ›Pienchen mit hartem P‹ (1954) und ›Krählinde die Aufgeplusterte und andere Kreaturen‹ (1956) erschienen bei der Büchergilde Gutenberg und Ellermann in München. Es folgten Grimms und Andersens Märchen und viele andere Kinderbücher. Oberländer wurde 1907 in Berlin geboren. Er kam eigentlich erst nach dem Krieg zum Zuge wie die meisten Kriegsteilnehmer seiner Generation. In seinen Darstellungen überwiegt das Zeichnerische. Seine Kalligraphie, auch die, die er mit dem Kugelschreiber ausführt, ist gekonnt. Die Verbindung zwischen klarem Bild und kalligraphisch versponnener Zeichnung ist reizvoll. Der Versuch Oberländers, das Wesentliche einer Geschichte in einer Bildseite zu geben wie bei Grimms Märchen ergibt eine hübsche Illustration, erscheint aber manchmal etwas mechanisch, während die eingestreuten Illustrationen im Text Wärme und Lebendigkeit ausstrahlen. Ein anderer Künstler, dessen Bilderbücher sehr verbreitet sind, ist Janosch, mit dem bürgerlichen Namen Horst Eckert. Er wurde 1931 in Zaborze im heutigen Polen geboren und ist ein guter Zeichner. Seine Illustrationen erzählen von Käuzen, eigenwilligen Menschen, sprechenden Tieren. Eine seiner Hauptfiguren ist Onkel Popoff. Das sogenannte Bilderbuch der „Nonsense" erhielt durch Janosch und die Autoren James Krüss und Josef Guggenmos größere Verbreitung in Deutschland. Die „Nonsense" stellen einen mit Absicht zusammengestellten Unsinn dar, der sich in Worten und auch in fantastischem Unsinn in den Bildern ausdrückt. In England und den nördlichen Ländern sind diese Bücher besonders beliebt. Unter den deutschen Illustratoren finden sich u.a. solche Beispiele auch bei Wilfried Blecher ›Kunterbunte Wunder‹ oder Günther Stillers ›Träume‹. Bettina Hürlimann faßt den neuen Stil des deutschen Bilderbuches der fünfziger Jahre etwa so zusammen: Aufhebung der Umrißlinie, Neigung zur Karikatur, Abkehr vom Gefühlvollen, Eindringen der Gebrauchsgraphik, gewollte Naivität, die an die Malerei der Primitiven erinnert. Diese abwertend gemeinte Charakteristik bedarf gewiß einer Revision, aber sie zeigt, mit welchen Problemen sich die Bilderbuchillustratoren auseinanderzusetzen haben.

Eine umwerfende Neuerscheinung auf dem Bilderbuchmarkt war dann 1959 ›Little Blue and Little Yellow‹ des Amerikaners Leo Lionni. Die deutsche Übersetzung erschien 1962 im Verlag Oetinger in Hamburg unter dem Titel ›Das kleine Blau und das kleine Gelb‹. Es ist eine Geschichte ohne gegenständliche Darstellungen. Ein gelber Papierfetzen und ein blauer begegnen sich, sie teilen ihren Kummer, schließen Freundschaft und erleben, daß eine Verbindung ihrer beiden Farben grün ergibt und verkörpern schließlich menschliches Zusammenleben. Abstrakte Bilderbücher hatte es auch schon bei Joan Miró gegeben, ohne daß sie ein Echo gehabt hätten. Diese Geschichte war aber so einfach, unaufdringlich und instruktiv, daß die Ablehnung sich bald abschwächte. Lionni ist ein in Amsterdam geborener Amerikaner. Er studierte in Europa, promovierte zum Doktor der Philosophie, erhielt in Amerika eine Goldmedaille für Architektur und wurde schließlich Werbefachmann und Designer. Seine Bilderbücher erscheinen in Abständen, befassen sich mit Tieren und Steinen, die den Menschen ähnlich wie bei den Fabeln früherer Jahrhunderte Fehler und Schwächen nachweisen, die sich durch Einsicht und Verstand vermeiden lassen. Im Jahre 1963 kam dann sein Buch ›Swimmy‹ heraus, das 1965 den deutschen Bilderbuchpreis in der Übersetzung von James Krüss erhielt und 1967 die Goldmedaille der 1. Internationalen Biennale der Bilderbücher in Bratislava. Dieses Buch brachte Lionni allgemeine Anerkennung. Es gehört zu den besten Kinderbüchern des 20. Jahrhunderts. Swimmy ist ein kleiner schwarzer Fisch, der bei einem Sieg der schwarzen Fische über die roten in den Gefilden der roten Fische zurückbleibt. Die Kinder erleben die Unterwasserwelt, bis Swimmy die roten Fische zu einem großen Fisch zusammenfügt und sich als Auge in die Formation setzt, die als geschlossene Einheit die schwarzen Fische besiegen kann. In der nächsten Fabel ist der Held Frederick, eine Maus. Der Vorwurf, daß Bilderbücher dieser Art den Erwachsenen mehr ansprechen als das Kind, ist gewiß richtig, aber auch nicht ohne Vorteil für das Kind.

Die Diskussion um die Kinderbuchillustration bewegt sich vor allem um die „geschlossene“ und „offene“ Form der Wiedergabe. Es war in der Vergangenheit ein ungeschriebenes Gesetz, daß eine Kinderbuchillustration klar im Umriß des Gegenstandes war, ungebrochene Farben hatte und sich auf wesentliche Merkmale beschränkte, damit das Kind sich die Bilder merken und sie wiedererkennen konnte. Die neue, die offene Form verzichtet auf klare Konturen und verwendet gebrochene Farben, um die Phantasie, das kreative Empfinden des Kindes, anzusprechen. Die Tendenz geht dahin, das Kind zu aktivieren. Man spricht deshalb von Aktivierungsbüchern. Der Idealfall wäre, daß das Kind an dem gezeichneten oder gemalten Bild so viel Anteil nimmt, daß es in etwas fortgeschrittenem Alter von sich aus die Bekanntschaft des Illustrators machen möchte. In den Kinderbüchern von Lilo Fromm und Helga Aichinger u. a. lassen sich diese Versuche mit der offenen Form, der Farbe als Mittlerin der Gedankenwelt des Kindes, besonders beobachten. Die vielgelesenen Bücher von Eva Johanna Rubin dagegen halten sich im Rahmen der geschlossenen Einzelform.

Das Kinderbuch hat in der Buchillustration immer eine besondere Rolle gespielt. Seine Problematik läßt sich nur bedingt auf die gesamte Illustration übertragen, da vor allem auch der pädagogische Effekt, der von dem Text ausgeht, eine große Rolle spielt. Andererseits finden sich aber gemeinsame Probleme, die als immer wiederkehrende Tendenzen in der Illustration des 20. Jahrhunderts zu beobachten sind. Die Abkehr vom Gefühlvollen, die Neigung zur Karikatur und das Eindringen der Gebrauchsgraphik ist eine Allgemeinerscheinung, die zweifellos aus dem Bemühen entsteht, keine erzählende Illustration zu bringen. Diese Entwicklung ist nicht abgeschlossen, so daß alle Möglichkeiten offen sind. Die Kunst unterliegt einem ständigen Wandel, sie hat zu allen Zeiten Widerspruch herausgefordert. Der Künstler erbringt eine Leistung als Einzelperson und erwartet als solche Beachtung, auch wenn er im Gegensatz zur allgemeinen Auffassung steht. Die Buchillustration ist im Durchschnitt traditionsgebundener als die freie Graphik, sie hat sich jedoch niemals den Zeitströmungen entzogen.

ALLGEMEINE LITERATUR

Adhémar, Jean: La gravure des origines à nos jours. Avec la participation de Claude Roger Marx et d'Eugène Rouir. Paris: Somogy 1979.

Aeschlimann, Erhard: Die Kunst der Buchmalerei. Eine Anthologie illuminierter Handschriften vom 6.—16. Jh. Köln-Marienburg: Phaidon 1969.

Bland, David: A History of Book-Illustration. The Illuminated Manuscript and the Printed Book. 2. Aufl. London: Faber and Faber 1969.

Friedländer, Max Julius: Der Holzschnitt. Neu bearbeitet von Hans Möhle. 4. Aufl. Berlin: de Gruyter 1970.

Koschatzky, Walter: Die Kunst der Graphik. Salzburg 1972.

Kunze, Horst: Geschichte der Buchillustration in Deutschland, Bd. 1: Das 15. Jahrhundert. Text und Tafelband. Leipzig: Insel-Verlag 1975. (Weitere Bände sind noch nicht erschienen.)

Kutschmann, Theodor: Geschichte der deutschen Illustration vom ersten Auftreten des Formschnittes bis zur Gegenwart. Bd. 1.2. Goslar, Berlin: Jäger 1899. (Veraltet, aber einzige selbständige Gesamtdarstellung in deutscher Sprache.)

Lexikon der Kinder- und Jugendliteratur. 3 Bde. Hrsg. von Klaus Doderer. Weinheim, Basel: Beltz. München-Pullach: Verl. Dokumentation 1975—1979.

Lippmann, Friedrich: Der Kupferstich. 7. Aufl. Neu bearb. von Fedja Anzelewsky. Berlin: de Gruyter 1963.

Musper, Heinrich Theodor: Der Holzschnitt in fünf Jahrhunderten. Stuttgart 1944.

Tiessen, Wolfgang: Die Buchillustration in Deutschland, Österreich und der Schweiz seit 1945. 4 Bde. Neu-Isenburg 1968—1976.

Wegehaupt, Heinz: Alte deutsche Kinderbücher. Bibliographie 1507—1850. Hamburg: Hauswedell 1979.

Worringer, Wilhelm: Die altdeutsche Buchillustration. München: Piper 1921.

REGISTER

Abbildung, wissenschaftliche 52f.
Ackermann, Rudolf 84f.
Aesop 23. 134
Aichinger, Helga 141
Akademie (der Schönen Künste etc.) 57. 60. 63f. 74ff. 81f. 93. 96f. 100. 105
Alciatus, Andreas 49
Aldrovandi, Ulisse 52
Almanache (Musenalmanach) 58f. 61. 76f. 100
Alt, Rudolf von 107
Altdorfer, Albrecht 40
Amerbach, Johann 31
Amerbachverlag 131
Amman, Jost 41
Andachtsbücher 74
Andersen, Hans Christian 72. 98. 101. 132. 135. 139
André, Johann 83
Antiqua 18. 30f. 39
Aquatinta 45
Arndes, Steffan 27
Arnold, Christoph 100
Arp, Hans 121. 128
Ars librorum, Verlag 125. 127. 131
Atlantis-Verlag 124
Atlas 24. 46f.
Autotypie 97. 107. 109f. 116

Bämler, Johannes 17
Balzac, Honoré de 91f. 113. 125
Bargheer, Eduard 126
Barrett Browning, Elisabeth 115
Basedow, Johann Bernhard 70
Basile, Giambattista 72
Baskerville, John 65
Bassermann, Otto 97
Battke, Heinz 126
Bauersche Gießerei 113. 123. 127
Beardsley, Aubrey 106
Beauclair, Gotthard de 127. 131f.
Beaumarchais, Pierre Augustin Caron de 65
Bechstein, Ludwig 72. 101
Beck, Leonhard 33
Beckmann, Max 127f.
Beham, Barthel und Sebald 41
Behmer, Marcus 106. 114
Behrens, Peter 104. 115
Bellange, Hippolyte 89
Belwe, Georg 112
Benzo, Hieronymus 48
Bergengruen, Werner 125. 131.
Berger, Daniel 77
Bergmann von Olpe, Johann 21
Bernigeroth, Kupferstecherfamilie 75
Berry, Jean I., Herzog von 8
Bertall d.i. Albert d'Arnoux 91
Bertelsmann, Verlag 132
Bertuch, Friedrich Justin 70
Besler, Basilius 51
Bewick, Thomas 67. 69. 81. 85

Bibel 16. 25ff. 39. 73f. 93
Bibel, 36zeilige 12
Bibel, 42zeilige 11
Biblia, pauperum 4. 9f. 14. 71
Bierbaum, Otto Julius 104. 115
Bilderbogen 71. 95
Bilderschriften 2
Bildgeschichten 71f.
Bilibin, Iwan Jakowlewitsch 108
Birkhäuser-Verlag 131
Blaeu, Wilhelm Janszoon 47
Blake, William 84
Blecher, Wilfried 140
Blockbücher 9f. 23f.
Blumenbücher 51f.
Boccaccio, Giovanni 23. 121
Boccaccio-Meister 23
Bock, Hieronymus 38. 52
Böhmer, Gunter 136
Boissard, Jean Jacques 49
Boisserée, Sulpiz 93
Boner, Ulrich 13f. 23
Bonnard, Pierre 103. 121
Boucher, François 58. 60
Brant, Sebastian 20f. 31
Braque, Georges 121. 129
Braun, Georg 47f.
Braun, Kaspar 94. 96
Brentano, Clemens 72. 80
Breydenbach, Bernhard von 25. 46
Briefmaler 15. 19
Brockhaus, Verlag 99f.
Brosamer, Hans 34
Brucker, Johann Jakob 74
Brunfels, Otto 38. 52
Brunschwig, Hieronymus 20. 38
Bry, Theodor u. Johann Theodor de 48ff.
Buchdruckpresse 82
Buchgesellschaft, Wissenschaftliche Verlag 133
Buchwissenschaft 4
Büchergilde Gutenberg 123. 127. 132. 135. 137. 139
Büchermessen 38. 75
Büchner, Georg 80
Burgkmair, Hans d. Ä. 33f. 36
Burne-Jones, Edward 102f.
Busch, Wilhelm 71. 96f. 109

Caldenbach, Martin 35
Camerarius, Joachim 49
Campe, Johann Heinrich 68
Camphausen, Wilhelm 98
Cassirer, Bruno 116. 118
Celtis, Konrad 29
Cervantes Saavedra, Miguel de 60. 78. 124f. 132
Chagall, Marc 123
Chamisso, Adalbert von 85
Chéret, Jules 121
Chodowiecki, Daniel 69f. 77ff.
Choffard, Pierre Philippe 62f.
Clair-obscur-Schnitte 37f.
Cobden-Sanderson, Thomas James 110
Cochin, Charles Nicolat 61. 63
Codex 2
Colonna, Francesco 18
Coloured books 84
Comenius, Johann Amos 69f.
Comic books 72. 137
Corinth, Lovis 117f.
Corneille, Pierre 61. 118
Cornelius, Peter 93f.
Coster, Laurens Janszoon 9f.
Cotta, Verlag 82. 96
Coypel, Charles Antoine 58. 60

Craig, Edward Gordon 112
Cranach d. Ä., Lucas 33. 40
Cranach-Presse 111f.
Crane, Walter 108f.
Crayonmanier 46
Cruikshank, George 68. 85f.
Crusius, Gottfried Leberecht 75f.
Czeschka, Carl 108

Dante Alighieri 84
Daumier, Honoré 87. 90f.
David, Jacques-Louis 65
Dedikations-Holzschnitt 20
Defoe, Daniel 67f.
Delacroix, Eugène 83. 89
Denis, Maurice 121
Derain, André 121. 130
Derrière le miroir 130
Deventer, Jakob 47
Dickens, Charles 86. 124
Didot, Druckerfamilie 65f.
Dietenberger, Johann 39
Dietz, Julius 115
Dietz, Wilhelm 94. 96
Dinckmut, Konrad 21
Disney, Walt 137f.
Donner, Raphael 75
Dorat, Claude Joseph 62
Doré, Gustave 87. 92
Dostojewskij, Fjodor Michajlowitsch 120
Doves-Press 110f. 114
Dürer, Albrecht 3. 21f. 28ff. 33. 36f. 40. 45. 52. 83. 93. 100
Dürr, Alphons 94f.
Dufy, Raoul 121
Dumas, Alexandre 92
Dunoyer de Segonza, André 130

Eberts, Johann-Heinrich 66
Eckmann, Otto 104
Ehmcke, Fritz Helmuth 112ff.
Eichendorff, Joseph von 94. 98
Einblattdrucke 12. 28. 48
Einblattholzschnitt 9f. 31. 38
Einhorn-Presse 105
Einleitungsholzschnitt 17. 20. 23. 42
Eisen, Charles Dominique 61f.
Elisabeth Charlotte, Herzogin von Orléans (Liselotte von der Pfalz) 60
Ellermann-Verlag 139
Eluard, Paul 122
Emblembücher 49f.
Erasmus von Rotterdam 31
Erbauungsschriften 19. 30. 74
Eremiten-Presse 137
Erni, Hans 131
Ernst, Max 121. 128
Ernst-Ludwig-Presse 112f.
Estienne (Stephanus) Druckerfamilie 40
Eyb, Albrecht von 13
Eyssen, Jürgen 122

Faber von Kreuznach, Konrad 35
Farbholzschnitt 129. 132
Farblithographien 135
Fauvisten 129f.
Federlithographien 97
Federzeichnung 16
Fermiers généraux 62
Feyerabend, Sigmund 41
Fidus d.i. Hugo Höppener 104
Fielding, Henry 61. 84
Fischer, Hans 139
S. Fischer-Verlag 118
Flachdruck 83
Flaxmann, John 83f.
Flötner, Peter 41

Flora, Paul 131
Fludd, Robert 49
Flugblätter 38
Fouquet, Jean 8
Fournier, Pierre 61
Fragonard, Honoré 64
Fraktur 32. 81
Frank, Sebastian 20
Frets-Verlag 136
Freudeberger, Sigmund 66
Friedrich II., König von Preußen 76f. 97f.
Fries, Lorenz 53
Froben, Johann 31. 42
Fromm, Lilo 141
Fronius, Hans 125. 131
Frontispiz 42. 50
Führich, Joseph von 93
Fürstenberg, Hans 57. 62
Füssli, Johann Melchior 74
Furter, Michael 21

Gaab, Hanns 80
Galland, Anton 72
Galle d. Ä., Cornelis 42
Galler, Hieronymus 49
Gauguin, Paul 103
Gavarni d.i. Guillaume Sulpice Chevalier 87. 91
Gebrauchsbuch 4. 31f. 120. 127
Gebrauchsgraphik 112. 122. 127. 142
Geiler von Kaysersberg, Johann 20
Geisberg, Max 4. 38
Gellert, Christian Fürchtegott 73
George, Stefan 105f.
Géricault, Théodore 83
Gersdorff, Hans von 38
Gerstung, Wilhelm 113. 124
Gesellschaften, bibliophile 114
Gessner, Konrad 52
Gessner, Salomon 78. 100
Geyser, Christian Gottlieb 75
Gigoux, Jean 87f.
Gill, Eric 114
Glaßbrenner, Adolf 98
Gleim, Johann Wilhelm Ludwig 73
Görres, Guido 94. 96
Göschen, Verlag 76
Goethe, Johann Wolfgang von 73. 75f. 78. 80. 89f. 93. 96. 114. 117f. 124. 131. 134
Gogol, Nicolai 123
Golddruck 18
Golden-Brunnen-Presse 127
Goldschmitt, Bruno 116
Goldsmith, Oliver 69
Gottfried, Johann Ludwig 50
Gottsched, Johann Christoph 75
Graf, Urs 31. 37
Grandville d.i. Jean Ignace Isidore Gérard 68f. 87. 90
Graphik 3f.
Gravelot d.i. Hubert Bourgignon 61
Gravur 3
Grien, Hans Baldung 30. 33. 37
Grieshaber, HAP 132
Grillenpresse 127. 134
Grimani, Domenico Kardinal 9
Grimm, Friedrich Melchior 56
Grimm, Wilhelm und Jacob 72. 101. 106. 117. 124. 135. 139
Groth, Klaus 99
Grüninger, Johannes 19ff. 38
Gubitz, Wilhelm 81. 98
Guggenmos, Josef 135. 140
Gulbransson, Olaf 105
Gurlitt, Fritz 118
Gutenberg, Johannes 9ff. 24

Hagedorn, Friedrich von 73
Haid, Johann Jakob 74
Halbey, Hans Adolf 126. 135
Han, Ulrich 18. 24
Handschrift 2. 8f. 11. 13. 16. 20. 26. 32. 42 (Faksimile). 52
Hans von Kulmbach 30
Hansen-Bahia, Karl Heinz 126. 132ff.
Hartmann, Georg 127
Harvey, William 85
Harwerth, Willi 113
Hauff, Wilhelm 72. 92. 98. 120. 123
Hauptmann, Gerhart 112. 118
Hausbuchmeister 25. 45
Hauswedell, Ernst 133. 135
Hebammenbücher 53f.
Hegenbarth, Josef 124
Heine, Heinrich 80
Heine, Thomas Theodor 105
Heinrich, Prinz von Preußen 65
Heldenbuch 89. 124
Helldunkelholzschnitt 34
F. A. Herbig, Verlag 136
Herder, Gottfried 96
Hesse, Hermann 136
Hey, Wilhelm 99
Heym, Georg 119
Heymel, Alfred Walter von 104. 106. 111. 114f.
Heynlin von Stein, Johannes 31
Hirnholzschnitt 67. 81
Hirth, Georg 105. 110
Historienmalerei 87. 95
Hochdruckverfahren 15. 43
Hoefnagel, Georg 47
Höhlenzeichnung 1
Hölderlin, Friedrich 80
Hoell, Louis 113
Hoffmann, Erich 137
Hoffmann, Ernst Theodor Amadeus 91. 120. 124f.
Hoffmann, Felix 131
Hoffmann, Heinrich 71
Hoffmann und Campe, Verlag 132
Hofmann, Josef 108
Hofmann, Ludwig 104
Hofmannsthal, Hugo von 106. 120. 131
Hogenberg, Franz 47f.
Holbein, Ambrosius 36
Holbein d. J., Hans 3. 31. 36f.
Holbein-Verlag 125
Hollar, Wenzel 51
Holle, Lienhart 24. 46
Holten, Otto von 105. 114
Holz, Arno 107
Holzschnitt 3. 9f. 12ff. 19. 66ff. 70f. 73. 81. 83. 86ff. 97. 101. 119. 123. 129. 132f. 135
Holzstich 67. 123f. 131. 134f.
Holztafeldruck 15
Homer 81. 84
Hooghes, Roman de 59
Hopfer, Daniel 34
Hosemann, Theodor 98
Hübner, Julius 94
Hürlimann, Bettina 140
Hulsius, Levin Witwe 49
Hupfuff, Matthias 20
Hutten, Ulrich von 39
Hyperion-Verlag 115f. 123

Immermann, Karl 98
Initialen 2. 8. 15f. 24. 31. 36. 38
Insel 104f.
Insel-Verlag 104. 106. 114f. 124. 127. 131
Israel von Meckenem 43

Jacobus von Theramo (Teramo) 13. 17
Jacobus de Voragine 17
Jacquin, Nikolaus Joseph 53
Janosch, d.i. Horst Eckert 139f.
Janscha, Laurenz 63
Johann von Ketham 53
Johann Schnitzer von Armsheim 24
Johannes von Tepl (von Saaz) 13f.
Johannes de Turrecremata 18
Johannot, Tony 88
Johnston, Edward 114
Jordan, Peter 39
Jugend 104f.
Jugendbibliothek, Internationale 138
Jugendbuch 69ff. 108

Kästner, Erhart 122. 135
Kästner, Erich 135
Kafka, Franz 125
Kahnweiler, Henri 128. 130
Kalender 59. 77f. 81
Kaltnadelradierung 45. 84
Kandinsky, Wassily 108
Karikatur 80. 84. 87. 90f. 95. 142
Kartenmaler 15. 19
Kartographie 46ff.
Kaulbach, Wilhelm von 90. 94ff.
Kelmscott-Press 102f. 108. 110f.
Kerver, Tilmann 39
Kessler, Harry Graf 111f. 114
Kessler, Nicolaus 21
Kiepenheuer und Witsch, Verlag 135
Kilian, Lucas und Wolfgang 51
Kinderbuchverlag 136
Kinderbücher 67ff. 91f. 98f. 107f. 135ff.
Kippenberg, Anton 114f.
Kirchner, Ernst Ludwig 119
Kleist, Heinrich von 98. 118
Klemke, Werner 135f.
Kleukens, Christian Heinrich 112f.
Kleukens, Friedrich Wilhelm 112f.
Klimt, Gustav 107
Klinger, Max 108
Klingspor, Karl (Schriftgießerei) 104
Klingspor-Museum 138
Klischee 4
Klopstock, Friedrich Gottlieb 73
Koberger, Anton 21. 26ff.
Koch, Rudolf 52. 113f. 123f.
Köbel, Jakob 49
Kokoschka, Oscar 108. 126
Kotzebue, August von 75
Kraaz, Gerhart 131f.
Kräuterbücher 25. 38. 52f.
Krauss, Johann Melchior 74
Kredel, Fritz 112ff. 123
Kreidelithographie 117
Kreidolf, Ernst 107. 109
Kriehuber, Joseph 83
Krüss, James 140f.
Kubin, Alfred 119. 125f.
Kugler, Franz 89
Kunstschulen s. Akademie
Kupferpresse 82
Kupferstich 3f. 24. 37. 41ff. 46ff. 50ff. 56ff. 63. 66f. 70. 73. 81. 83. 88. 94. 99
Kupferwurm, Heinrich 33. 37

Lafontaine, Jean de 59. 61ff. 67. 90. 93
Landkarten 46
Langen, Albert 105
Largillière, Nicolas de 64
Lauber, Diebold 9
Lebas, Kupferstecher 64

Lechter, Melchior 104ff. 115
Leclerc, Jean 74
Leech, John 86f.
Lehrer-Schüler-Holzschnitt 20
Leistikow, Walter 104
Lenau, Nikolaus 118
Le Sage, Alain René 59. 75. 88
Lessing, Gotthold Ephraim 77
Le Sueur, Holzschneiderfamilie 67
Liebermann, Max 118
Limpurg, Brüder 8
Lionni, Leo 140f.
Lithographie 4. 53. 81ff. 94. 98f. 107. 109. 117. 128. 130
Livres d'heures s. Stundenbücher
Löffler, Berthold 108
Ludwig XV., König von Frankreich 60
Luther, Martin 29. 32. 35. 40

Maeght, Verlag und Galerie 129f.
Märchen 72f. 95. 101. 107. 117. 120. 139
Maeterlinck, Maurice 106. 115
Magazine 85ff.
Maillol, Aristide 103. 111f.
Maintenon, Françoise d'Aubigné, Marquise de 60f.
Malerbücher 121f. 128ff.
Mandlbogen 95
Mann, Thomas 125
Manus-Presse 132
Manutius, Aldus 18. 31
Marcks, Gerhard 134
Mardersteig, Giovanni 111. 126
Marillier, Pierre Clément 61. 64
Masereel, Frans 119. 123
Matarasso, Verlag 129
Matisse, Henri 121. 130
Maximilian I., deutscher Kaiser 32f. 36
Maximilian-Gesellschaft 118. 127
May, Walo von 116
Meckel, Christoph 137
Megenberg, Konrad 17
Mehrfarbendruck 18. 53. 109f.
Meid, Hans 116ff. 131. 136
Meier-Graefe, Julius 104
Meil, Johann Wilhelm 77
Meister E. S. 10
Meister der Spielkarten 43
Melanchthon, Philipp 40
Mengs, Raphael 93
Mentelin, Johannes 19
Menzel, Adolph von 81. 89. 97. 101
Mercator, Gerhard 47
Merian, Maria Sybilla 52
Merian, Matthäus 46. 50ff.
Metallschnitt 18. 24
Meydenbach, Johann 25. 52
Millais, Everest 87
Miniatur 2. 8. 26
Minipressen 137
Miró, Joan 121f. 140
Molière, Jean Baptiste Poquelin 60. 88
Montesquieu, Charles de Secondat, Baron de la Brède et de 56
Moreau, Jean Michel le jeune 65
Moretus, Jan 42
Morris, William 102. 105ff. 114
Mosaik-Verlag 132
Moser, Kolomann 108
Mozart, Wolfgang Amadeus 117
Müller, Friedrich 76
Müller, Georg 119f.
Müller, Hans Alexander 115
Münzer, Adolf 108
Munch, Eduard 103

Musäus, Johann Karl August 72. 98. 101

Nachdruck 16
Nachstich 77f.
Narrenspiegel 22
Navarre, Marguerite de 59
Nazarener 95
Nebelspalter 139
Paul Neff-Verlag 125
Negativdruck 18
Negker, Jost de 33
Neureuther, Eugen Napoleon 95f.
Nodier, Charles 88
Notke, Bernt 27
Numeister, Johannes 24

Oberländer, Adolf 96
Oberländer, Gerhard 139
Oeser, Adam Friedrich 75. 99
Oetinger-Verlag 140
Officina Bodoni 111
Officina Serpentis 112
Offsetdruck 83
Opitz, Georg 99f.
Orlik, Emil 136
Ornamentstich 51
Ortelius, Abraham 47
Otmar, Johann 17
Otto-Rohse-Presse 134
Oudry, Jean Baptiste 61. 67
Overbeck, Friedrich 93. 96
Ovid, Publius Ovidius Naso 59

Pan 104f.
Pan-Presse 118
Pankok, Bernhard 115
Papillon, Jean Baptiste 66f.
Papyrus 2
Pellerin, J. Ch. 71
Pencz, Georg 41
Perrault, Charles 72. 92f. 138
Person, Nicolaus 76
Petrarcameister 34
Petri-Presse 125
Peutinger, Konrad 32
Peypus, Friedrich 30
Pfeffel, Johann Andreas 74
Pfister, Albrecht 12f. 23
Pflanzmann, Jodocus 17
Philipon, Charles 90. 92
Philipp II., Herzog von Orléans 59f.
Philipp III., Herzog von Burgund 8
Phiz, d.i. Knight Hablot Browne 68. 86
Photographie 4. 53. 109
Phototypie 109
Piatti, Celestino 131
Picart, Bernard 59. 68
Picasso, Pablo 128
Pigouchet, Philippe 39
Pinder, Ulrich 30
Pinselschriften 104
Plakate 10. 83. 103. 110. 121
Plantin, Druckerfamilie 42
Plautus, Titus Maccius 62
Pleydenwurf, Wilhelm 27
Pocci, Franz Graf 71. 91. 96
Poe, Edgar Allan 120. 125
Poeschel, Carl Ernst 112. 114
Polyautographie 83
Pompadour, Jeanne Antoinette Poisson, Marquise de 60. 62
Porträtlithographie 83
Porträtstich 51. 64. 74. 76
Prachtausgaben 89
Präraffaeliten 87. 102f. 105
Preetorius, Emil 115f.

Preissler, Johann Daniel 75
Présvots, Abbé 61
Prince, Edward 102. 111
Privatpressen 111ff. 121. 127. 134
Propyläen-Verlag 118
Prüss d. Ä., Johann 20
Psalter, Mainzer 24
Ptolemaeus, Claudius 24
Punktstich 45
Purrmann, Hans 136
Puschkin, Alexander 124

Quentell, Heinrich 26

Rabelais, François 92. 123
Racine, Jean 61
Rackham, Arthur 108f.
Rademacher, F. E. 85
Radierung 34. 37. 44f. 57. 86. 109
Ramberg, Johann Heinrich 76. 79
Ratdolt, Erhart 18. 34. 103
Ratio-Presse 113
Reclam-Verlag 137
Redouté, Pierre Joseph 52
Reiner, Imre 125f. 134
Reisebücher, Reiseberichte 17. 48f. 63. 89. 92
Rembrandt Harmensz van Rijn 45
Reproduktionsstich 42
Restif de la Brétonne, Nicolas Edme 65
Rethel, Alfred 94
Retzsch, Moritz 81
Reuchlin, Johannes 31. 39
Reuter, Fritz 99. 123
Reuwich, Erhard 25
Richardson, Samuel 67. 78
Richter, Ludwig 68. 91. 100f.
Ridinger, Johann Elias 74
Riemerschmid, Werner 125
Rilke, Rainer Maria 106f.
Rode, Bernhard 77
Rössing, Karl 115. 123. 134
Rösslin, Eucharius 54
Rohse, Otto 126. 134
Rolland, Romain 119
Roman 56
Rossetti, Dante Gabriel 87. 102
Roswitha von Gandersheim 29
Rousseau, Jean Jacques 56. 61ff. 69. 78
Rowlandson, Thomas 84. 90
Rubens, Peter Paul 41f. 89
Rubin, Eva Johanna 141
Rütten und Loening, Verlag 124. 132. 136
Rupprecht-Presse 112

Saar, Ferdinand von 107
Saint-Non, Abbé de 63
Saint-Pierre, Bernardin de 63. 88
Sartorius, Druckerei 42
Sattler, Joseph 104
Sauerländer, Verlag 131
Scarron, Paul 60
Schabkunst 45. 135
Schäufelein, Hans 30. 33
Schauer, Georg Kurt 126
Schaumburg, Georg von 11
Schedel, Hartmann 27f. 46
Scheuchzer, Johann Jakob 74
Scheuren, Kaspar Johann 98
Schiller, Friedrich von 73. 80. 96
Schmidt, Georg Friedrich 76
Schneidler, Ernst 115. 125
Schnorr von Carolsfeld, Hans Veit 81
Schnorr von Carolsfeld, Julius 94
Schöffer, Johann 35

Schöffer d. Ä., Peter 24f. 35. 52
Schönsperger d. Ä., Johann 32f.
Scholz-Verlag 108
Schongauer, Martin 20f. 43
Schott, Johann 38. 52
Schramm, Albert 17
Schreibstuben (Scriptorien, Schreibschulen) 8f. 15f. 26
Schrift 1. 29. 110. 112. 117
Schrift und Bild, Verlag 133
Schriftgießerei 113ff. 127
Schröder, Rudolf Alexander 104. 106. 111. 115
Schroedter, Adolf 98
Schuster und Loeffler, Verlag 104
Schwind, Moritz von 71. 95
Scripta et Picta, Verlag 130
Seewald, Richard 126
Senefelder, Alois 82f.
Sensenschmidt, Johann 16. 28
Seymour, Robert 86
Sezession 107f.
Sichowsky, Richard von 134. 137
Simplizissimus 104ff.
Skira-Verlag 128. 130
Slevogt, Max 116f. 122. 136
Sodalitas Celtica 29
Solis, Virgil 41
Sorg, Anton 17
Speckter, Otto 91. 99
Städtebilder (Stadtansichten) 28. 46ff. 50
Stahlstich 63
Stammheym, Melchior 16
Stangenpresse 82
Stapfer, Albert 89
Stassen, Franz 104
Steglitzer Werkstatt 112. 115
Steindruck s. Lithographie
Steiner, Heinrich 34
Steinhöwel, Heinrich 22f.
Steinle, Eduard 94. 96
D. Stempel, Schriftgießerei 113. 127
Stereotypie 66
Stiller, Günter 135. 140
Stimmer, Tobias 41
Stomps, Viktor Otto 137
Strichätzung 120
Stuck, Franz von 104
Stundenbücher 8f. 39
Styrlin, Jörg 23
Süs, Gustav 99
Swift, Jonathan 68. 90. 124

Tacitus, Publius Cornelius 62
Taschenbücher 58. 77. 95
Taschner, Ignatius 108
Tasso, Torquato 63
Terentius Afer, Publius 19ff.
Tériade, Verlag 128. 130
Thöny, Eduard 105
Thoma, Ludwig 105. 115
Thurston, John 85
Tieck, Ludwig 80. 93f.
Tiefdruckverfahren 43
Tieffenbach, Eduard Wilhelm 112
Tiemann, Walter 112f.
Titelblatt (Titelseite) 19. 31. 37. 42. 49ff.
Titeleinfassungen 31. 36ff.
Titelkupfer 56. 73
Toepffer, Rodolphe 92. 98
Tolstoi, Leo Nikolajewitsch 123
Tory, Geoffrey 39
Totenbücher 2
Toulouse-Lautrec, Henri de 103
Toussaint, Nicolas 89
Trajanus-Presse 127. 131

Traut, Wolf 30
Trautzsauerwein, Marx 32
Trechsel, Johann 21. 27
Trentsensky, Josef 95
Trew, Christoph Jakob 53
Trnka, Jiri 138
Tyroff, Martin 75

Umrißholzschnitte 10. 14. 17f. 94. 112
Umrißzeichnung 81. 83. 106. 130
Unger, Johann Friedrich Gottlieb 81
Uniformbücher 85. 89
Unold, Max 116. 123
Unzelmann, Friedrich Ludwig 81

Valloton, Felix 103
Velde, Henry van de 103f.
Vérard, Antoine 39
Vergil, Publius Vergilius Maro 59. 112
Verhelst, Egid 76
Verlag 127
Vernet, Horace 89
Vernet, Joseph 63
Ver Sacrum 106f.
Verve 130
Vesal, Andreas 53
Vignetten 56. 62ff. 66ff. 73. 75. 88. 91. 99
Vogeler, Heinrich 106f. 114
Volkert, Hans 108
Volksbücher 17
Vollard, Ambroise 103. 121. 123. 128ff.
Voltaire, François-Marie Arouet 56. 61. 65. 78
Vorstermann d. Ä., Lucas 42

Wachstäfelchen 2
Wagner, Christian Ulrich 74
Walker, Emery 102
Watteau, Antoine 58
Weber, Hans von 115
Weiditz, Hans 34. 52
Weigel, Kupferstecherfamilie 75
Weiß, Emil Rudolph 114f.
Weisse, Christian Felix 76
Weisz, Josef 113
Werkbund 110
Wieland, Christoph Martin 73. 75
Wiener Werkstätten 108
Wigand, Georg 94. 101
Willberg, Hans Peter 126
Wille, Georg 64. 73
Wimpfeling, Jacob 20
Winckelmann, Johann Joachim 75. 93
Winkler, Friedrich 21f.
Wittich, Ivo 35
Wöllner, Emil 114
Woensam, Anton 39
Wohlgemuth, Michael 27
Wolff, Kurt 118f.
Worringer, Wilhelm 4. 122
Würth, Joseph 118
Rainer Wunderlich-Verlag 136
Wyle, Niklas von 13
Wyß, Johann David 68

Zainer, Günther 16f. 22. 26. 28
Zainer, Johann 17. 22f.
Zehender, Gabriel 35
Zeichentrickfilme 137f.
Zeichnung 2f. 9. 14. 91. 109
Zeiller, Martin 50
Zeitschrift 87f. 90f. 92. 96. 104ff.
Zingg, Adrian 100
Zinkätzung 84
Zuckmayer, Carl 118
Zweig, Stefan 125

TAFELN

Die Vorlagen zu den Abbildungen hat uns freundlicherweise das Gutenberg-Museum in Mainz zur Verfügung gestellt.

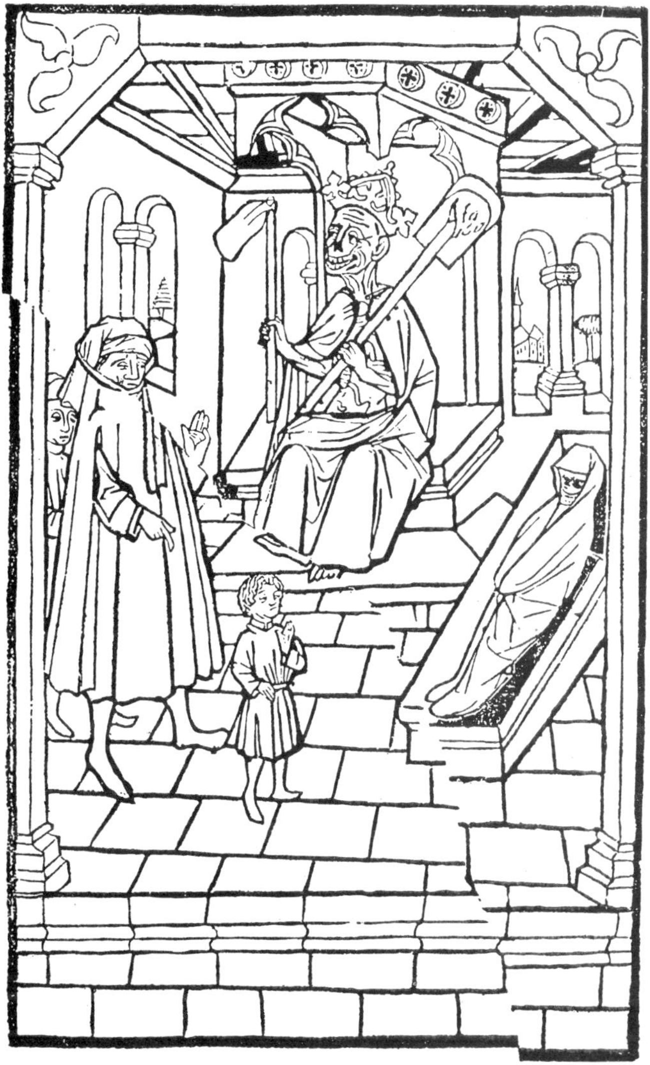

Umrißholzschnitt. Aus ›Der Ackermann von Böhmen‹.

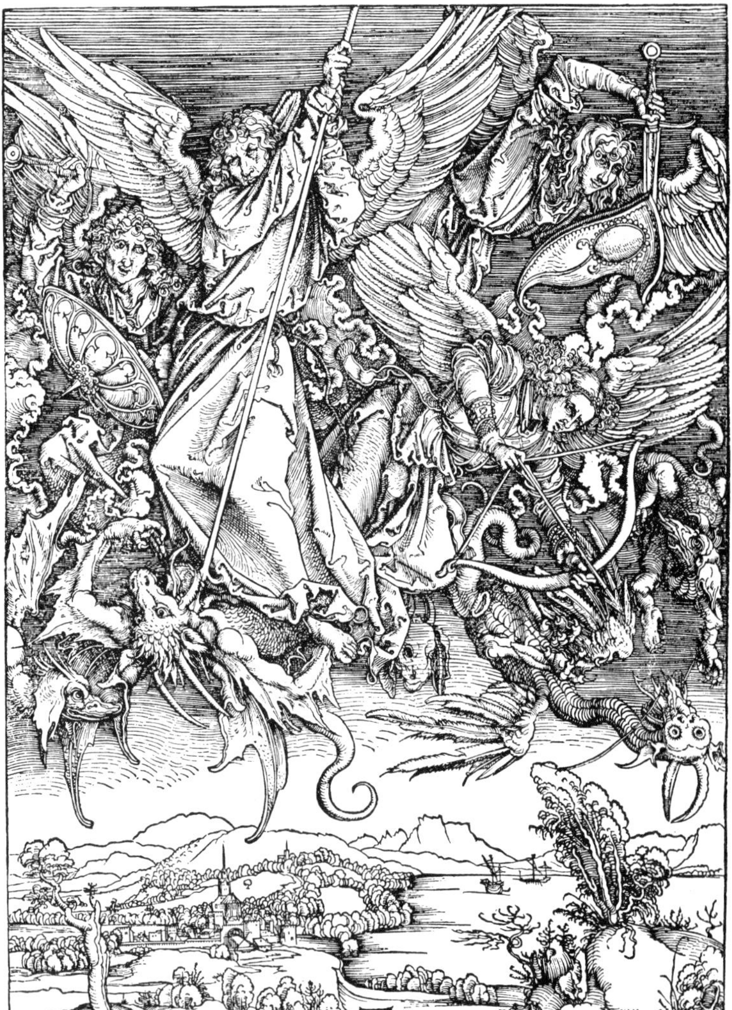

Holzschnitt von Dürer aus der Apokalypse.

Ecyre Fo.CLIX

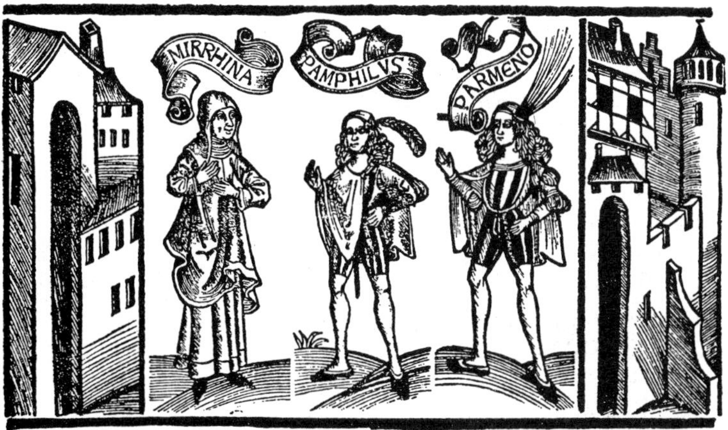

MIRHINA. PAMPILVS. PARMENO.

ne hoc furtū philomena .ſ.philomene .i.a me
reſciſcatur i geeora

a b
t Ace obſecro.mea gnata.Pam.Matris vox viſa
.i.infelix .ſ.cur nullus es
c
eſt philomene.nullus ſum.PAR.Quid dum
.i.doloreſum ſconſectus quere
d
PAM.quia perij.PAR Quā obrem.PAM.Neſcio qd
certe .ſ.mei ꝓpinqui
e
magnū profecto parmeno me celant.PAR.vxorem phi
timere .ſ.vidui ꝓpter quod audiui
clamantem
lomenam pauitare neſcio quid dixerunt.id ſi forte eſt: ne
quaſi perditus ſum
.ſ.eam pauitare f
ſcio.pam.interij.cur id mihi nō dixti.par.quia nō poterā

In hac ſcena.VII Nō ſolū ſermo lucina nō inducitur ſed etiam ſilentiū pturienti ipõnit.quia furtiua cōceptio eſt.& tm̄ eiuſmodi verba ſunt matris.vt dūtaxat ſciētibus manifeſtū ſit Pāphilo verbū & pmenoni tanq̃ʒ egram cōtinētis filiā videant.Hic poſt auſcultationē ex ipſis gemitibus patientis philomene ſuſpicatus eſt Pamphilus morbo aliq̃ vxorē affectā eſſe. Propterea conq̃ritur ſe id celatū eſſe a pmenoneq̃ʒ. In primis Mirhina mr̄ puelle admouet pariētē vt taceat.qd̄ dictū auditū eſt ab auſcultantibus Pamphilo & pmenone. a Tace obſecro mea gnata. Conceptus furtim cōuenit naſci. b Matris vox viſa eſt. Omnia hec que ſenſu pcipi poſſunt viſa dicimus.Virg.Viſeq̃ʒ canes vlulare p vmbrā. c Nullus ſum. Rurſus ſe infoelicē & miſerū appellauit hic nullus ſum. d Quia perii. Satis amatorie. e Vxorem philomenā pauitare neſcio q.d. Pauere & timere & ad corporis & ad

Aus einzelnen Teilen zusammengesetzter Holzschnitt.
Komödien des Terenz. Straßburg 1496.

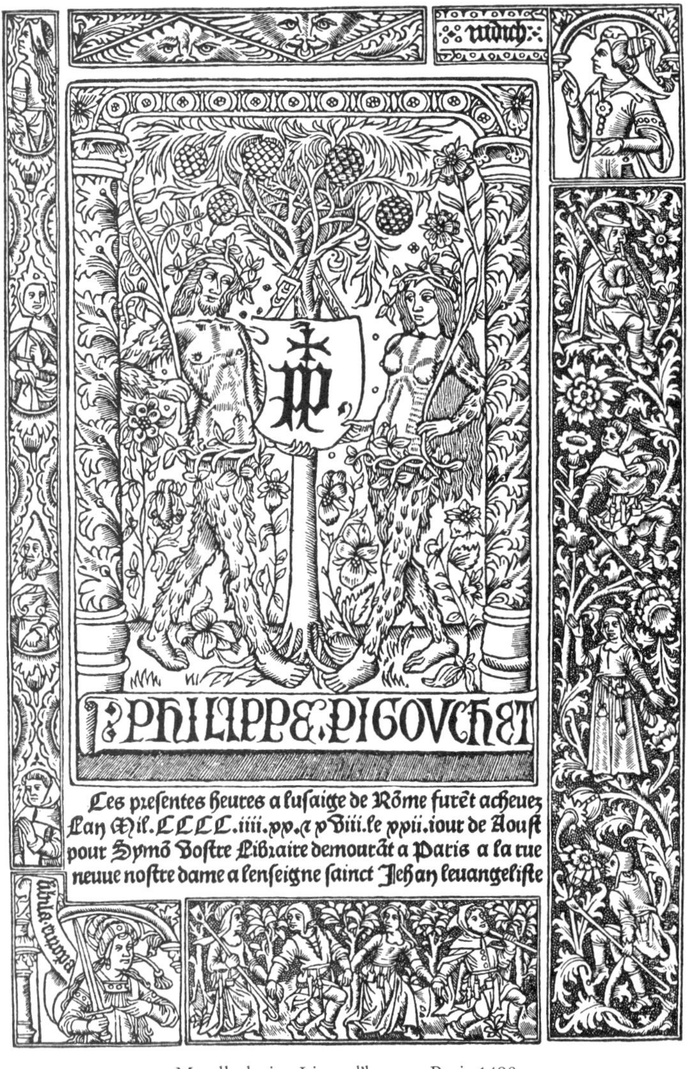

Metallschnitt. Livre d'heures. Paris 1498.

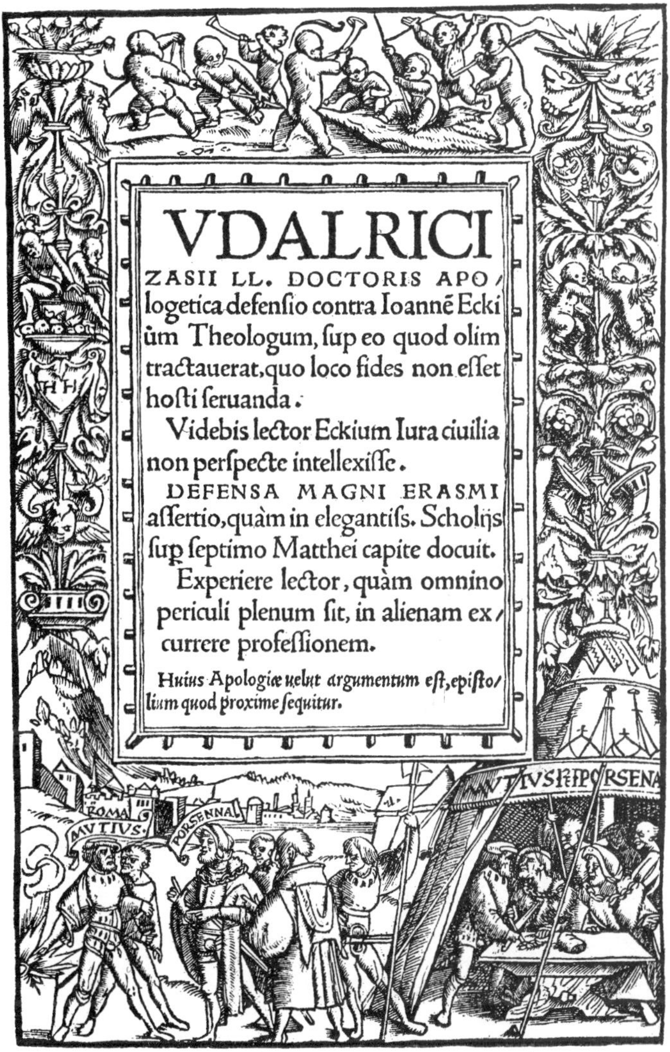

VDALRICI
ZASII LL. DOCTORIS APO/
logetica defensio contra Ioannē Ecki
ūm Theologum, sup eo quod olim
tractauerat, quo loco fides non esset
hosti seruanda.

Videbis lector Eckium Iura ciuilia
non perspecte intellexisse.

DEFENSA MAGNI ERASMI
assertio, quàm in elegantiss. Scholijs
sup septimo Matthei capite docuit.

Experiere lector, quàm omnino
periculi plenum sit, in alienam ex/
currere professionem.

Huius Apologiæ uelut argumentum est, episto/
lium quod proxime sequitur.

Holzschnitt. Titeleinfassung in einem Stück von Hans Holbein.

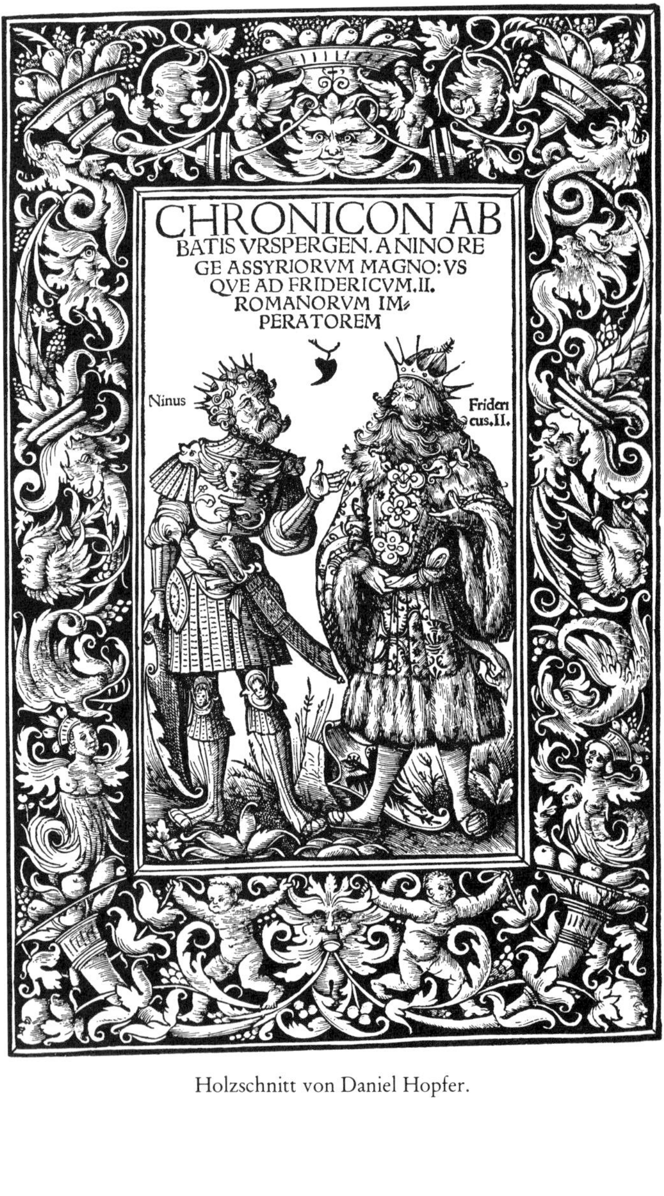

Holzschnitt von Daniel Hopfer.

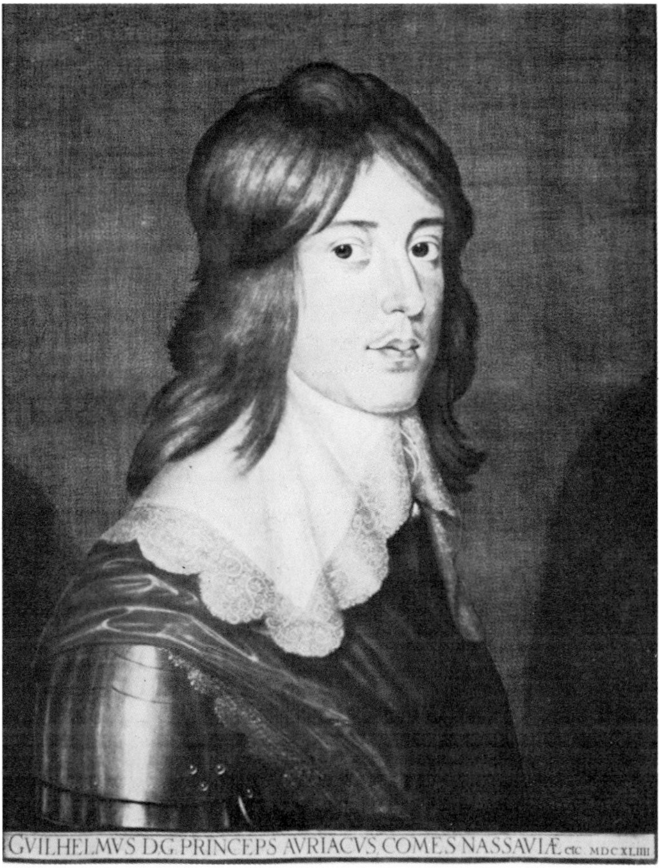

Schabkunstblatt.

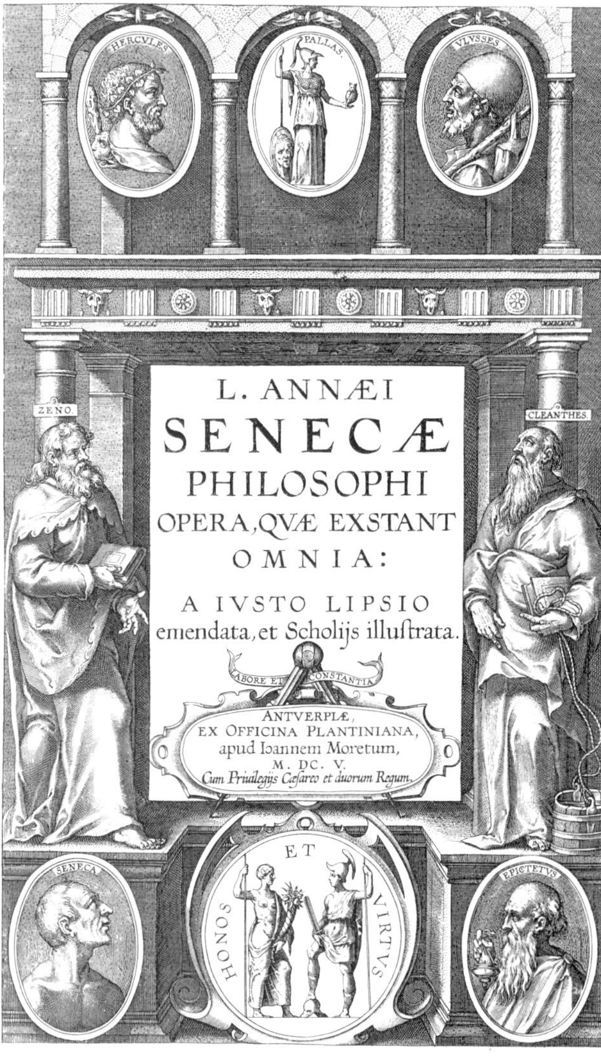

Kupferstich-Titel.

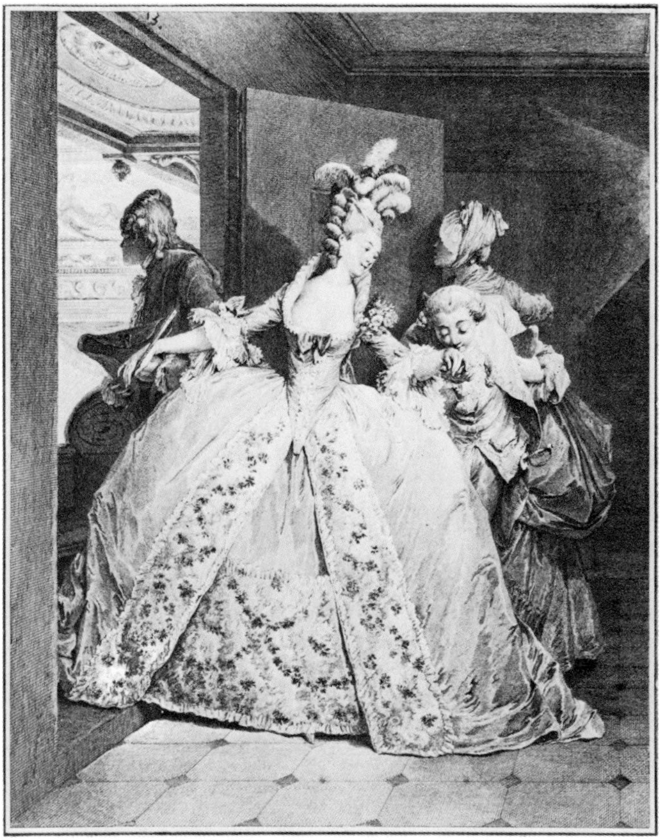

Kupferstich und Radierung in Mischtechnik nach einer Zeichnung von Moreau le jeune.

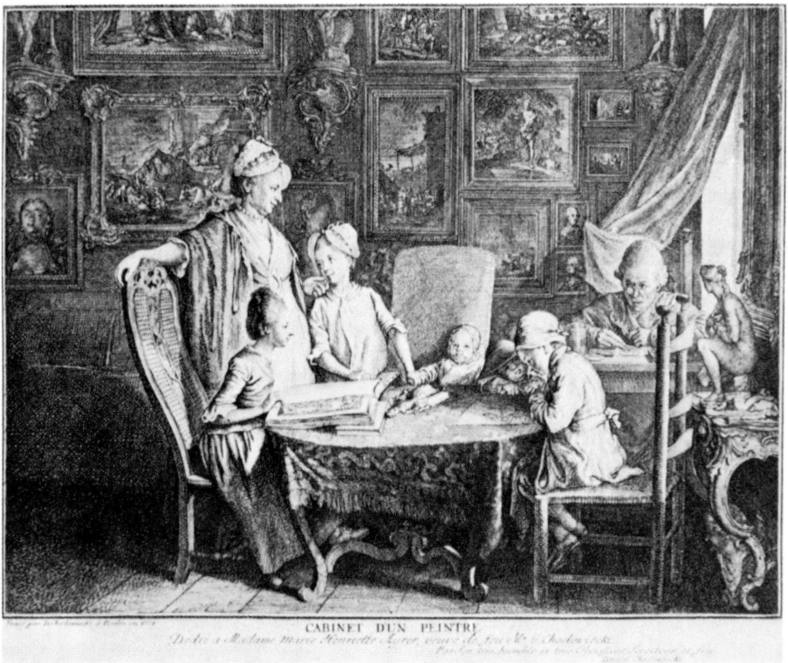

Radierung von Daniel Chodowiecki.

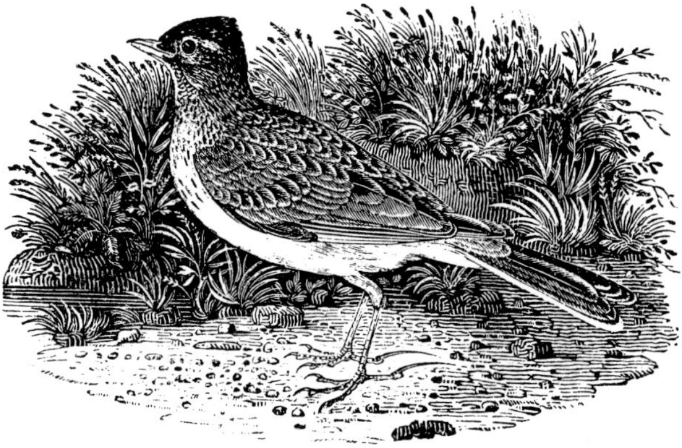

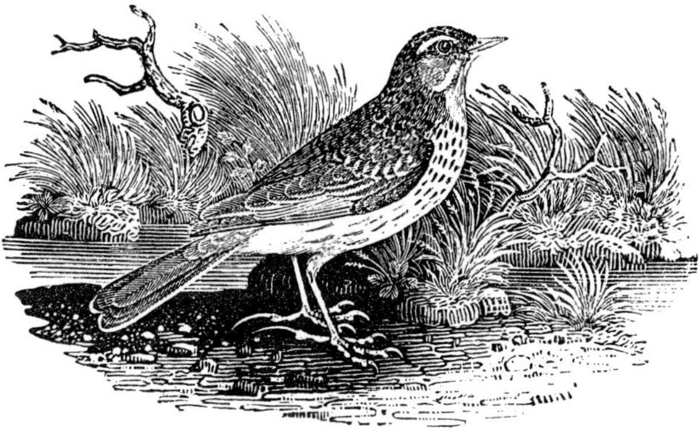

Holzstiche von Thomas Bewick.

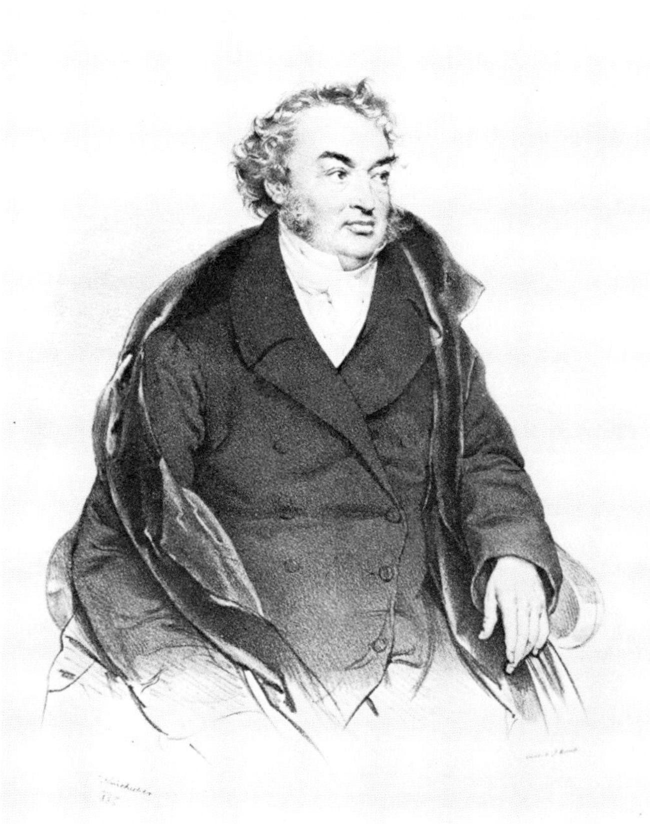

Lithographie. Porträt von Kriehuber, Wien.

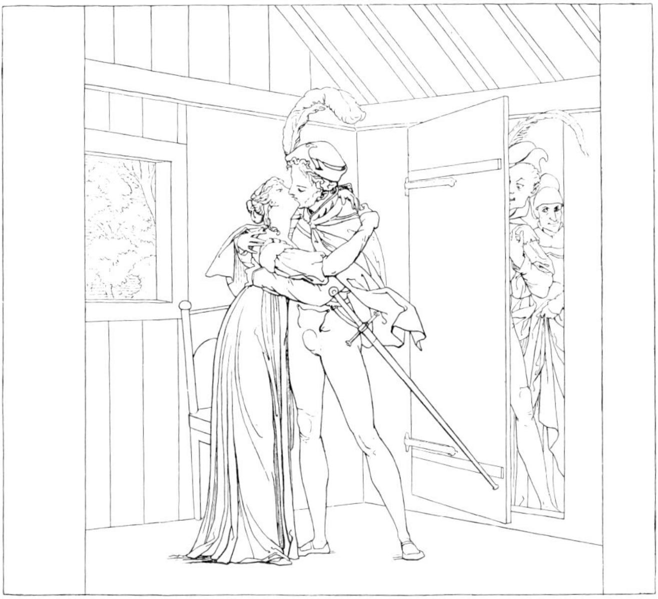

Umrißholzschnitt des 19. Jahrhunderts. Zeichnung von Moritz Retzsch zu Goethes ›Faust‹.

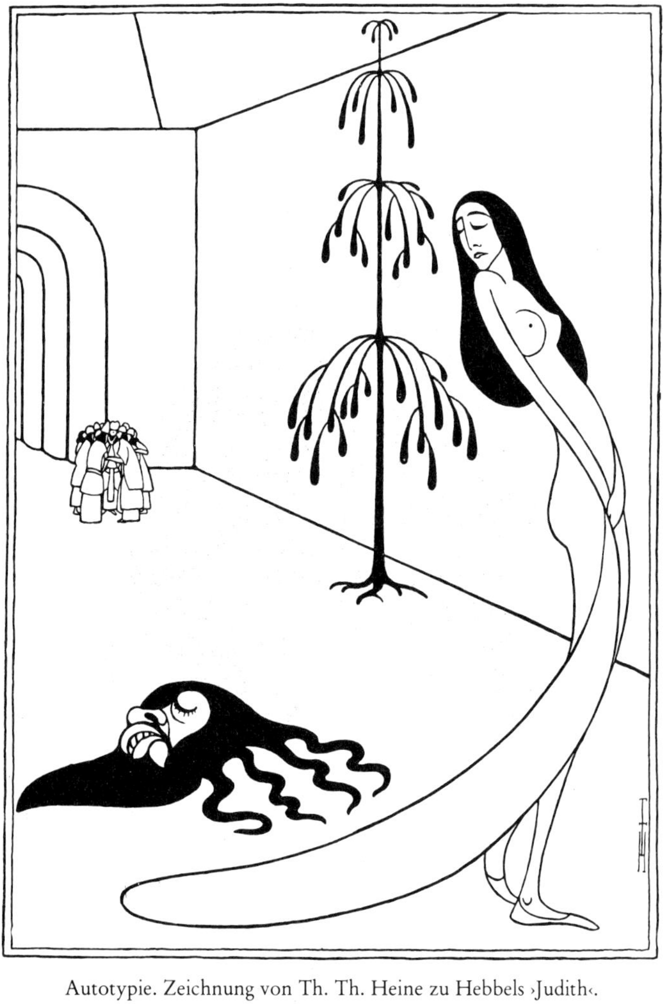

Autotypie. Zeichnung von Th. Th. Heine zu Hebbels ›Judith‹.